우리는 매일
슬픔 한 조각을
삼킨다

PHILOSOPHIE SENTIMENTALE
by Frédéric Schiffter

Copyright ⓒ Editions Flammarion, Paris, 2010.
Korean translation copyright ⓒ 2014 by Munhakdongne Publishing Corp.
This Korean edition was published by arrangement with Editions Flammarion
through Sibylle Books Literary Agency, Seoul.

이 책의 한국어판 저작권은 시빌에이전시를 통해 프랑스 Flammarion과 독점 계약한
문학동네에 있습니다. 저작권법에 의하여 한국 내에서 보호를 받는 저작물이므로 무단
전재와 무단 복제를 금합니다.

이 도서의 국립중앙도서관 출판시도서목록(CIP)은 서지정보유통지원시스템 홈페이지
(http://seoji.nl.go.kr)와 국가자료공동목록시스템(http://www.nl.go.kr/kolisnet)에서
이용하실 수 있습니다. (CIP제어번호: CIP2014031092)

우리는 매일
슬픔 한 조각을
삼킨다

Philosophie Sentimentale

삶에 질식당하지 않았던
10명의 사상가들

프레데리크 시프테 지음
이세진 옮김

문학동네

일러두기

1. 본문의 각주는 모두 옮긴이 주다.
2. 장편문학작품(소설·희곡)·단행본·잡지는 『 』, 시·단편은 「 」, 미술작품·영화·방송은〈〉로 구분했다.

서문

"

불행히도 한번 통찰력을 가지면
계속해서 더 많은 통찰력을 갖기 마련이다.
기만하거나 물러설 방법이 없기 때문이다.

"

−에밀 시오랑

피에르 아도[1]는 철학자를 가짜와 진짜로 구분했다. 혹은 강단 철학자와 실천 철학자를 구분했다고 해야겠다. 전자는 철학 선생, 철학 연구자다. 후자는 삶의 스승들이다. 이 구분의 근간에는 철학이란 주구장창 책이나 들여다

---

1. Pierre Hadot(1922~2010). 프랑스의 철학자로, 서양 고대철학을 주로 연구했고, 『고대철학이란 무엇인가』를 썼다. 그는 고대철학을 강단 철학이 아닌 실천하는 생활양식으로 보았으며, 철학적 담론이 인간을 정신적으로 발전시킨다는 점에서 '영성 훈련'의 형식을 취하고 있다고 했다. 생활양식의 구체적 형태인 영성 훈련은 식이요법을 통해 신체적 질서를 추구하거나, 대화와 명상을 통해 정신을 수양함으로써 변화를 꾀하는 것이다.

보고 강단에서 거드름 피우며 설說 푸는 것으로 소일하는 게 아니라, '영성 훈련exercice spirituel'에 힘입어 '자기 자신을 변화시키는' 것이라는 고대인들의 생각이 깔려 있다. 육상선수는 어떤 시합에도 당당히 임하겠다는 목표를 가지고 매일같이 훈련하고, 근육을 탄탄하게 키우고, 지방을 제한한 식단을 준수하며 금욕적인 생활 수칙을 따른다. 마찬가지로 철학자가 매일같이 정신 훈련에 열심히 임하기만 한다면—훈련 프로그램대로 현재의 순간에 정신을 집중하고, 세상 전체의 심상을 머릿속에 떠올리며, 자신의 의식을 감찰하고, 자신의 욕망들을 선택적으로 주도면밀하게 분류하고, 타인에 대한 적대적 정념에 침착하게 저항하기만 한다면—인생의 온갖 역경들에 맞서 영혼을 단련하게 될 것이다.

나는 자기가 아는 바를 재주껏 잘 가르치는 선에서 만족하는 대학교수들을 나무랄 마음이 눈곱만큼도 없다. 그러나 그들 중 일부가 지혜의 장사꾼으로 전향해, 웬만큼 교양 있으면서 영혼을 채우기 갈망하는 대중 앞에서 마치 자기들이 복되고 성공적인 삶의 비결을 쥐고 있는 체하는 풍토에는 반대한다.

나의 전작 『윤리적 허세Le Bluff éthique』의 주장을 굳이 들먹이지 않고 그저 이 한 가지만 확실하게 말해두겠다. 분명 우리의 신체는 꾸준한 운동으로 강건해지고 기량이 향상될 수 있지만 우리의 정신은 그렇지 않다. 비극적 사건, 회한, 아쉬움, 강박적 생각, 실망, 상처, 모욕, 실패 따위가 마구잡이로 뒤섞인 이 진창은 좀처럼 변하지 않는다. 어떠한 고행으로도, 우리가 스스로 어떠한 수고를 쏟더라도, 이 둔중하고 활기 없는 원료로 행복한 삶의 설교자들이 말하는 것처럼 뭔가를 빚어낼 수는 없다. 어느 한 분야를 잘 배우고, 수학 실력을 끌어올리거나 맞춤법을 제대로 익히고, 양자물리학이나 동양 언어에 대한 앎을 넓히는 것은 얼마든지 가능하다. 전적으로 지식을 쌓기 위한 배움은 이해력, 기억력, 끈기만을 필요로 한다. 한편, 지혜를 쌓는 것은 온전히 심리적인 것이기에 이성과 의지가 결합된 힘에 기반해야 한다고들 생각한다. 그런데 이 이성과 의지의 결합은 순전히 허황된 생각이다. 철학자들이 지어낸 이야기이고 허풍이다. 사기란 말이다. 이성은 우리에게 담배나 술을 끊으라고 명한다. 철통같은 의지로 실제 그 명령을 잘 받들기만 하면 되겠다. 그런데 니코틴중독이나 알코올의존증을 부추기는 '신경증'에 있어서 의지는 아무 소용이 없다. 술이나 담배를 싹 끊었다고 가정한다면, 그건 어디까지나 병에 걸릴지 모른다는 공포 때문이지—중독에서 벗어난 우리가 지체 없이 또다른 중독에 빠질 경우는 차치하고서라도—데카르트가 말한 대로 이성에 자극받아 "단호한 결심"을 한 결과는 아닐 것이다. 따라서 우리는 우리 자신을 통제하지 못한다. 스스로 달라지겠다는 결심과 그에 따른 성찰이 우리의 기질을 변모시키지는 못한다. 다시 말해, 태어날 때부터 우리의 영혼에 잡힌 주름, 영혼에 깊이 아로새겨진 흔적은 그런 방식으로 바뀌지 않는다. 삶은 우리를 그렇게 우리 안에 고착시키고, 그 고착은 세월이 흐르면서 뼈처럼 단단하게 굳어버린다.

한편, 행복bonheur[2]은 불행malheur과 마찬가지로—그 어원에서 짐작할 수 있듯이—우리를 느닷없이 덮친다. 행복은

---

2. '좋은'이라는 뜻의 'bon'과 '기회·운'을 뜻하는 'heur'가 만나서 이루어진 단어로, '행복·행운'을 의미한다. 'bon' 대신에 'mal'(나쁜)이 붙으면 '불행'이 된다.

일종의 사실성[3]에 해당한다. 필연적으로 죽게 마련인 인간이 직접 자신의 구세주가 될 수는 없다. 스토아주의자, 에피쿠로스주의자, 스피노자주의자, 그 외에도 많은 이가 속인이 복을 받기 위해 신들에게 제사 지내는 것을 비판했지만 정작 자신들은 속인보다 더 미신적인 태도를 보였다. 행복은 불행과 달리 흔적이 아니라 추억을 남긴다. 그 추억은 우리로 하여금 끊임없이 넋두리를 늘어놓게 한다.

지혜는 믿음에 속한다. 피에르 아도가 말하는 영성 훈련은 마치 주술적 행위를 연상케 한다. 이 꾸며낸 몸짓들의 근간에는 죽음에 대한 어쩔 수 없는 두려움, 사랑하는 이들을 상실할지도 모른다는 두려움을 떨쳐내고픈 욕망이 있다.

곧잘 독자들은 나를 두고 우울할 뿐만 아니라 '부정적'이라고 말한다. 그들은 내가 삶을 트집잡으면서 사악한 쾌감을 얻는 게 아닌지 의심한다. 그들 말대로라면 어찌 됐든 삶

---

3. 어떤 것이 필연적이라고 말할 수 없는 방식, 즉 그 배후로 거슬러올라가 마땅히 그래야만 할 이유를 발견할 수 없는 방식으로 단지 주어져 있다는 그 사실 자체를 의미한다.

은 아름답고 즐거운 것인가보다. 하루는 나와 친한 여성이, 나를 보면 샹포르가 도트렙의 증언을 빌려 언급한 시메네스 후작이 생각난다고 했다.[4] 시메네스 후작으로 말하자면, "화창한 날보다 비를 더 좋아하는 사람, 나이팅게일 울음소리를 듣고 '아, 불쾌한 새 같으니!'라고 말하는 사람"이었단다. 내가 좀 투덜거리는 건 사실이다. 나는 어릴 때부터 유쾌한 자들과 거리를 두고 지냈다. 한량없는 환희가 내게는 모욕이다. 열광하는 자, 출사표를 던지는 자, 의욕에 불타는 자를 나는 멸시하는 눈으로 바라본다. 그러면서 약간의 두려움도 품는다. 낙관론자들은 감옥과 묘지를 채워넣는 데 탁월한 재주가 있으니까. 그렇다면 나는 삶을 사랑하는 자들을 좋아하지 않는다는 뜻인가? 나는 자각 없는 사람들을 멀리한다. 인간은 어차피 조건적인 삶을 향유할 수밖에 없으며, 죽음은 인간의 삶에 대한 애착을 조금도 개의치 않는다는 걸 알고

---

4. Sébastien-Roch Nicolas Chamfort(1741~1794). 샹포르는 프랑스의 작가로, 인간에 대한 신랄하고 재치 있는 잠언을 많이 남긴 것으로 유명하다. 이 내용은 그의 저작 『성찰·잠언·일화』에 실린 것으로, 시메네스 후작은 비극 작가로 활동했던 인물이다.

싫어하지 않는 이들을 멀리할 뿐이다.

대학에서 만난 교수님들은 나를 딜레탕트[5] 취급했고, 게으름을 부리니 머리가 아깝다는 식으로 얘기했다. 나는 유죄를 시인했다. 나는 결코 철학을 사랑한 적이 없으며 단지 그쪽으로 감각이 좀 있었을 뿐이다. 철학에 발은 담갔지만 결코 전념하지 않았다. 모두가 인정하는 철학자들을 공부하면서 재미를 느낀 적은 별로 없지만, 틀에서 벗어난 사상가, 가치와 이상의 파괴자, 주로 '문학'으로 분류되고 '모럴리스트'[6]로 통하는 저자들을 탐독했고, 일찌감치 그런 작가들의 책을 통해 사유하는 법을 배웠다. 그렇기 때문에 철학이란 삶과 죽음을 가르치거나 우리의 유한성을 위로하는 학문이 아니라, 다만 명백한 것처럼 받아들여지는 개념들의 타당성을 검

---

5. '즐기다'라는 뜻의 이탈리아어 딜레타레dilettare에서 유래한 말로, 전문가가 아닌 애호가의 입장에서 학문이나 예술을 하는 사람을 일컫는다.
6. 16~18세기에 인간성에 대한 성찰을 주로 단편이나 잠언 형식으로 표현했던 철학적 작가들을 일컫는다. 개념과 체계를 중요시하기보다 인간의 모습을 있는 그대로 규명하고 인간성의 현실을 구체적으로 묘사함으로써 보편적인 인간상을 그리려고 했다. 대표적인 인물로는 몽테뉴, 파스칼, 샹포르 등이 있다.

증하고, 요란하지만 보잘것없는 것들을 까발리며, 우상을 조롱하는 것이라고 생각해왔다. 내가 이러한 통찰력을 갈고닦아 더 잘살게 되지는 않았다. 기분 전환이 좀 됐을 뿐이다.

관념은 간결한 형식을 취해야 사람들의 마음을 사로잡는다. 많은 이들이 청년기에는, 나아가 더 나이가 들어서도 격언, 단상, 명상록 유형의 문장에 매력을 느낀다. 인용문 모음집이 잘 팔리는 것만 봐도 충분히 알 수 있는 일이다. 이유는 짐작할 만하다. 대체로 읽어본 적은 없지만 이름은 꽤 유명한 작가들이 한 권에 떼로 모여 있고, 그들의 단 한마디, 단 하나의 역설, 촌철살인, 익살, 해학이 우리의 정신을 만족시켜주니 그럴 만도 하지 않은가. 이런 걸 좋아하는 사람은 아예 노트를 한 권 마련해 책에서 한 번 더 엄선한 문장들을 적어두곤 한다. 문장을 베껴 적다보면 원래 그 문장을 쓴 사람의 생각뿐만 아니라 그 뛰어난 표현력에까지 자신이 기여한 듯한 기분이 든다. '베끼는 자'는 그 기분에 사로잡혀 철학자보다는 작가로서 반응하게 된다. 장프랑수아 르벨[7]은, 철학자는 "글에 담긴 생각이 좋기 때문에 그 글이 읽을 가치가 있다"고 보는 반면, 작가는 "읽을 가치가 있는 글이 곧 좋은 생각"이라고 여긴다고 했다. 논論에 대한 문文의 설욕이다.

이 책은 인용문집도, 논문도 아니다. 나에게 깊은 인상을 주었던 사상가와 작가의 아포리즘 열 개에서 영감을 얻어, 때로는 개인적이고 때로는 '교훈적인' 상념을 에세이로 써 내려갔을 뿐이다. 그 열 명은 니체, 페소아, 프루스트, 쇼펜하우어,『전도서』의 저자, 몽테뉴, 샹포르, 프로이트, 로세, 오르테가 이 가세트 되시겠다. 물론 이외에도 이 책에 언급될 만한 이들은 많으며 루크레티우스, 마키아벨리, 홉스, 스탕달 같은 이들이 간간이 끼어들기도 한다. 그래도 내가 이 열 명으로 선을 그은 이유는 그들의 사상이 아주 오래전부터 나와 함께했고, 내가 대화를 나누거나 글을 쓸 때 자주 인용했던 저자들이기 때문이다. 나는 여기 소개한 문장 하나하나에 기대어 여가, 우울과 애도, 권태, 심미적 쾌락, 스승들에 대한 찬탄, 혼돈, 사회생활, 정신적 폭력, 지혜라는 환상, 사랑에

---

7. Jean-François Revel(1924~2006). 프랑스의 철학자이자 저널리스트로, 프랑스의 정치적 사회적 문제에 대한 많은 논평을 남겼다. 저서『마르크스도 예수도 아닌』을 통해 세계적으로 이름을 알렸으며, 자신의 아들이자 불교 승려인 마티외 리카르와 함께『승려와 철학자』를 썼다.

대해서—장 살렘[8]의 표현에 따르면 "불안한 향락주의자"에게 아주 잘 어울리는 주제들이다 —성찰하고 여담을 늘어놓고 횡설수설했다. 어쩌면 독자는 한 아포리즘에서 다른 아포리즘으로 넘어가면서 장章이 바뀌는 것을 전혀 느끼지 못할지도 모른다. 하지만 이 글은 그저 내 감상적인 십계명이니 그리 놀랄 일은 아니다.

---

8. Jean Salem(1952~). 파리 소르본 대학 철학 교수로, 주요 연구 주제는 고대 원자론과 쾌락의 철학이다. 관심사가 폭넓은 백과사전적 학자로 고고학, 역사학, 정치학, 불문학 분야에서도 활동하고 있다.

Contents

1
프리드리히 니체

"

하루의 3분의 2를
자기 마음대로 쓰지 못하는 사람은
노예다.

"

나는 니체를 둘로 나눌 수 있다고 본다. 우선 초인, 영원회귀, 가치의 전복을 외치는 예언자 니체가 있다. 그리고 그 이전, 파울 레[1]와 친하게 지내던 시절의 니체가 있다. 인간의 도덕적 감정들을 검토하는 니체, 프랑스의 아포리즘과 금언 작가들을 좋아하던 니체 말이다. 니체는 그 작

---

1. Paul Rée(1849~1901). 독일의 철학자로, 니체의 친구였다. 프로이트, 릴케 등 당대의 지성을 매혹했던 작가 루 살로메를 두고 니체와 연적관계이기도 했다.

가들에 대해 "솜씨 좋은 사수射手처럼 언제나 (⋯) 인간 본성의 어둠을 적중시킨다"고 평했다. 많은 니체 주석가들은 역능의지라는 개념의 윤리적 정치적 함의에 초점을 맞추느라 니체가 그의 선진 사상가들에게 경탄을 표했던 태도는 간과한다.

니체 본인의 표현을 빌리자면, 그 선구자들은 '인간 심리에 정통한 자들', 즉 몽테뉴, 라로슈푸코, 파스칼, 샹포르, 그리고 당연히 쇼펜하우어, 폴 부르제[2]를 망라한 사람들이다. 여기서부터 '니체주의자'와 '반反니체주의자'가 갈린다. 니체주의자들은 니체에게서 전복의 철학자, 도덕의 계보학자, 다시 말해 부르주아적 가치관의 계보학자를 본다. 이들은 반동주의자 진영에서, 나아가 파시스트 쪽에서 니체를 자기네 입맛에 맞는 이론가로 곡해하지 못하도록 그들의 손아귀에서 이 철학자를 구해내려 할 것이다. 한편, 반니체주의자들

---

2. Paul Bourget(1852~1935). 프랑스의 작가로, 인간 심리를 치밀하게 묘사하는 작품을 많이 남겼다. 평론가로도 활동하면서 당시 프랑스에 팽배했던 염세주의의 원천을 찾는 글을 써 호평을 받았다.

은 니체를 퇴폐적인 궤변론자요, 인류 진보의 적이요, 권력에 탐닉하는 자라고 비난한다. 니체가 혁명가이든, 반그리스도주의자에 반민주주의자이든, 좌파 지식인의 적이든 내게는 별로 중요치 않다. 예언자는 지루하지만 모럴리스트는 곧잘 내 마음을 움직인다. 바로 그렇기 때문에 니체의 저작에 대한 나의 관심은 1877년에서 1883년 사이에 발표된 것에만 한정되어 있다. 장 표제지에 인용한 문장(§283)의 출전인 『인간적인, 너무나 인간적인』부터 『아침놀』『즐거운 학문』까지가 이에 해당한다. 전문가들이 '원숙기의 저작'으로 분류하는 『차라투스트라는 이렇게 말했다』『선악의 저편』『도덕의 계보』『안티크리스트』는 아무래도 상관없다.

"하루의 3분의 2를 자기 마음대로 쓰지 못하는 사람은 노예다." 일을 하는 사람은 누구라도 이 문장을 보자마자 그 자리에서 '속으로' 계산해볼 것이다. 보자, 하루 24시간에서 일하는 시간을 뺀다. 일반적인 규정상, 근무 여건이 꽤 좋다면 8시간을 뺄 것이다. 그리고 안도한다. 아, 그래도 3분의 2는 되는구나! 하지만 이 계산이 정확하지 않다는 건 본인도 잘

프리드리히 니체 **23**

알 것이다. 사무실, 공장, 가게 등에서 보내는 시간에 출퇴근 시간도 더해야 하니까. 집에서 직장에 가는 것도, 직장에서 집으로 돌아가는 것도 수고로운 일이다. 게다가 집에 돌아오더라도 힘들기로는 직장 업무에 뒤지지 않으면서 표도 잘 안 나는 가사노동이 기다리고 있어 생각만 해도 벌써 피곤해진다. 이렇게 자기 것이 아닌 시간을 모두 제하고 나면 마음대로 할 수 있는 시간이라고는 짧은 수면 시간 정도밖에 남지 않는다. 반드시 취해야 할 이 휴식조차도 기상 알람으로 대뜸 중단된다. 귀청이 떨어질 듯한 알람 소리는 그 옛날 프롤레타리아들에게 고삐를 바짝 조이라고 명령하던 사이렌 소리 같다.

이 문장을 쓸 때, 니체는 자신과 같은 시대를 살았던 에밀 졸라가 소설을 통해 그 비참한 생활상을 묘사한 바 있는 19세기의 짐바리 동물—노동자, 광부, 날품팔이 농부 등—만을 염두에 둔 것은 아니다. 그는 공직자, 상인, 공무원, 학자도 마찬가지라고 명시했다. 은행가, 사업가, 엔지니어, 국가 및 산업제국의 지도자들이 비록 사회적 지위는 높으나, 비루한 노동자보다 개인적인 시간을 더 많이 누리기는커녕 되레 그에도 미치지 못하기 때문이다. 그들은 임무, 프로젝트, 사업 설계, 현장 작업, 정책 수립 등의 오만 가지 활동에 자신의 일정은 물론, 개인 시간까지 전적으로 맞춰야 한다. 그런 점에서 그들은 지위, 재산, 권력을 쥐고 있지만 귀족 사회의 우두머리들과는 다르다. 농노 인구를 다스리는 귀족은 전쟁터와 파티장을 오가며 살아갈 뿐, 결코 돈벌이가 되거나 사회적 이익을 안겨주는 노동에 종사하여 자신의 품위를 떨어뜨리지 않았다. 니체가 여기서 부르주아를 멸시하는 귀족의 입장을 취하고 있다면, 이는 귀족이 자신의 '여가ótium'에 시간을 할애하는 반면, 부르주아는 자신의 '일negótium'3에 시간을 할애한다는 견지에서, 사업에는 기본적으로 천박한 것, 다시 말해 자기 망각oubli de soi이 개입되어 있음을 지적하기 위해서다.

우리 시대를 보건대 니체의 지적은 옳다. 아침부터 저녁

---

3. '무위' '여가'를 뜻하는 라틴어 'ótium'에 '없음'을 뜻하는 부정사 'nec'가 붙어 '여가 없음'을 뜻하는 'negótium'이 나왔고, 이 단어가 '노동' '직업' '사업'의 의미로 쓰이게 되었다.

까지 우리는 강박적으로 주가를 확인하고, 금융의 흐름을 나타내는 그래프들이 요동치는 컴퓨터 모니터에서 잠시도 눈을 떼지 못한다. 사업상 미팅에서 경영 강연으로, 각료 회의에서 민생 시찰로 바쁘게 오가는 이들의 불행은, 그들이 비단 자기 시간을 누리지 못할 뿐만 아니라 아예 자기를 위해서 쓸 시간조차 갖고 있지 못하다는 점이다. 니체식으로 표현하자면 기업체 사장, 장관, 고위 간부, 증권거래소 브로커 등도 식품점 주인, 도로 작업 인부, 용접공, 계산원과 마찬가지로 저마다 어느 한 '종種'에 속해 있고 언제나 똑같은 특징적 활동을 반복하기 때문에 '제대로 규정된 개체성'을 지니지 못한다. 그러므로 그들은 대체 가능한 존재들이다. 그들의 직업적 특성이 개인의 고유한 삶을 전적으로 지배하고 있다는 증거가 가장 뚜렷이 드러날 때는 바로 그들이 입을 열 때다. 흔히 하는 말마따나 그들은 '노상 일 얘기만' 할 뿐 아니라 심지어 일이 그들을 통해서 말을 한다. 마치 상상력은 없으면서 말만 끝없이 쏟아내는 뮤즈가 그들의 머리와 가슴속에 박혀 있는 것 같다. 여러 목소리를 낼 수 있는 복화술사처럼, 그 뮤즈가 그들에게 똑같은 표현, 똑같은 말투, 똑같은 어휘로 채워진 동일한 언어를 전달하는 모양이다. 특히 그들이 하루종일 맡아 하는 일이 사리사욕의 추구를 떠나 성직자와도 같은 자질을 요구할수록 그들은 그 일에 보람을 느끼고 어떤 소명, 나아가 삶의 의미까지도 발견하기가 쉽다. 그들에게는 일이 곧 삶이다.

이러한 관점에서 가장 주목할 만한 예는 중산층으로 편입된 상업계의 신흥 위원들, 현대적으로 말하자면 '영업판촉 인력'이라고 부르는 부류다. 영업판촉 인력들이라는 종은 명칭만 혁신되었을 뿐이지, 그 뿌리라고 할 수 있는 '외판원'이라는 종과 사실상 다를 바 없다. 외판원이 그랬듯이 영업판촉 인력 역시 사장에게 머리를 조아려야 한다. 사장은 주주들의 눈치를 봐야 하기 때문에 최대한 많은 상품을 유통시킨다는 목표하에 영업판촉 인력들에게 회사를 위해 각자의 시간을 내어줄 것을 명한다. 그런데 영업판촉 인력은 자기 자신에 대한 의식 면에서 과거의 외판원과 좀 다르다. 과거의 외판원은 비천한 공장 생산직을 면하고 소위 '화이트칼라' 부류에 속해 있다는 만족감을 제외하고는 자기 이력을 자랑스럽게 여기는 마음이 별로 없었고 딱히 상업주의라는 종교를 추종하지도 않았다. 그러나 영업판촉 인력은 그러한 목적에 맞게 수립된 학교나 현장에서 오직 장사를 위해 양성되고 교육받고 조건화된 인력이기에 부끄러움이고 겸양이고 모른다. 심지어 그들에게는 이러한 감정을 느끼는 것조차 허락되지 않는다. 제 삶을 지워가면서까지 '상품'의 운명을 영광스럽게 하는 것이 그들의 굴욕적인 팔자다. 이 비천한 일에 계속 종사하기 위해서는 신념 없는 호승심好勝心을 억지스러운 열광으로 변화시켜줄 말이 필요하다.

미셸 우엘벡의『투쟁 영역의 확장』에서 주인공과 한 조를 이루어 일하는 애처롭고 우스꽝스럽게 생긴 출장 직원 티스랑은 "우리 정보기술자들이 왕이지!"라고 말한다. 그의 말을 들으면 영업판촉 인력은 시장이라는 전쟁터에서 하나의 대의, 즉 자신이 '일터'라고 부르는 기업의 대의를 열정적으로 옹호하는 것 같다. 따라서 영업판촉 인력은 자신의 일터를 포함해 어느 한 진영을 위해 싸운다. '출정'에 나서고, '작전'에 가담해 '위험'을 무릅쓰며, '전략'을 채택해 특정한 '입장'을 취하고 새로운 '전선'을 개척한다. 그리고 영업판촉 '팀'에 동원되자마자 금세 습관이 생긴다. 마치 마음의 유니폼을 입기라도 한 것처럼 그의 입에서 나오는 모든 문장은 이제 '나'가 아니라 '우리'를 주어로 취한다. 그는 자신의 사생활에서조차 시도 때도 없이 이 직업적인 '우리'를 주어 삼아 이야기하기 시작한다. 이로써 그의 영혼을 피폐하게 만드는 대참사가 일어나게 되니, 그건 바로 해고통지서를 받는 날에야 자신은 결코 누군가와 함께 같은 팀원이 아니었으며 그저 가변적인 '병력'의 일원에 불과했음을 뒤늦게 깨닫는 것이다.

니체가 그려낸 노예의 초상을 완성하려면 사르트르의 필체를 살짝 더해서 다음과 같이 덧붙여야 할 것이다. 어느 사내가 매일같이 진지하게 하루의 3분의 2가 넘는 시간 동안 영업판촉 인력 역할을 연기한다면—우리가 앞에서 든 예를 그대로 쓰자면 말이다—그 사람은 아마 『존재와 무』에서 언급하는 카페 종업원처럼 분명한 의식을 갖고 진정성 없는 삶을 선택했을 것이다. 사르트르라면 영업판촉 인력이 자기 본연의 존재로 살지 않고, 자기 본연의 존재가 아닌 모습을 연기하고 있다는 걸 알면서도, 한 인간의 삶이 직업으로 환원될 수 없다는 걸 알면서도 '자의'로 이 '악의' 어린 행동에 스스로를 가두었다고 말할 것이다. 달리 말하자면, 영업판촉 인력은—비록 '직장'에서는 복종하는 것처럼 보일지라도—
제도적 명령보다는 자기 직업에 내재하는 기계적인 행동방
식들의 레퍼토리에 '자발적으로 예속됨으로써' 노예가 되었
고, 그로써 자신의 유일성^{singularité}에서 도피한다고 하겠다.
니체는 노동을 통한 자기 망각을 강조하기 위해서 '종'에 대
한 소속감을 말하지만, 사르트르는 '일련의 규격품'이 되기
를 선택함으로써 이루어지는 '자기의 사물화'를 말한다.

영업판촉 인력에게는 '영업인' 그 자체가 되는 것보다 절
대적인 것은 없다. 수많은 직원들이 자신이 몸담고 있는 영
역이나 위계서열에 상관없이 이 이상적 역할에 자신을 동
일시하려 한다. 흔히 하는 말마따나 습관은 제2의 천성이므
로 자기 업무에 적합한 언어와 행동을 구사하다보면 외모에
서부터 몸가짐까지 죄다 전형적인 노예의 본보기가 될 만한
모습을 갖추게 된다. 바로 그렇기 때문에 여기에 어떤 예속
이 있다면, 그 예속은 사르트르의 생각처럼 자발적인 것이라
기보다 '욕망 된' 것이라는 데 그 본질이 있다. 저들의 필요
와 시장의 부침에 따라 사람을 부리는 회사에 나의 시간을
내어주는 태도, 직업적 활동에만 시간을 쏟아부으면서 그 일

이 삶의 다른 모든 순간들을 좌우하게 하는 태도는 자기혐오를 내비친다. 게다가 직장에서 일어나는 자살 사건들이 잘 보여주듯이 이러한 태도는 신체적 자기파괴로 나타날 수도 있다. 인사 관리자가 사업의 메커니즘과 절대적인 요구에 심신을 다 바치는 신新노예들의 맹목적 열정을 '의욕'이라고 부른다면, 우리는 여기서 몰인격적인 생에 대한 의지vouloir-vivre sans personnalité 혹은 실존하지 않되 존재하려는 의지vouloir-être inexistant를 간파해야 할 것이다. 신노예들은 마치 동물적인 무차별성에서 벗어나는 것을 고통스럽게 여겨 끊임없이 몰인격적인 노동으로 자기를 부정해야만 하는 사람들 같다. 따라서 그들은 집단적이고 익명적인 노동을 심사숙고한 후에 선택한 것도 아니요, 어떤 강압에 복종한 것도 아니다. 단지 개체화에 대한 '선천적인' 공포와 전체에 포함되고자 하는 욕구가 겹쳤을 뿐이다. 많은 이들이 자기 회사의 이름을 일종의 정체성처럼 내세우면서 느끼는 자부심이 그 증거다. 사르트르의 주장과 정반대로 사회적 단역에 빙의하려는 욕구는 선의적 행동방식에 속한다. 니체라면 그러한 행동방식이 '노예근성'의 증거라고 할 것이다.

니체는 『아침놀』(§173)에서도 노동은 "각 사람에게 굴레를 씌우고 이성, 욕망, 독립적인 취향을 강력하게 옥죄기" 때문에 "더 이상 좋을 수 없는 경찰"이라고 말한 바 있다. 이 말은 개인 시간의 박탈과 생활 패턴의 동시화로 인해 생겨난 현대적 양상인 오늘날의 레저, 즉 여가 활동에도 기가 막히게 들어맞는다. 레저는 발전된 산업 분야로서, 무엇보다 소비의 한 형태로서, 노예들의 노동의 연장선상에 있을 뿐 아니라 시간적으로 점점 더 비중을 늘려가고 있다. 니체의 말을 빌리자면 여가 활동은 "신경을 쓸 수 있는 여력을 엄청나게 잡아먹고, 성찰, 명상, 몽상에 잠길" 틈을 주지 않으며, "끊임없이 별것도 아닌 목표들을 겨냥하게 해 쉽고 흔해 빠진 만족만 맛보게끔" 만든다. 그래서 신노예들이 언제나 재미 보기를 앞다퉈 원하는 사회에서는 야만이 문명을 압도한다. 혹은 취향보다 범속凡俗이 선호된다고나 할까. 왜냐하면 오늘날의 노예들이 '여가 활동'이라고 부르는 것은—시청각적인 것, 전자통신 기기, 과시적인 스포츠 활동, 흥청망청 노는 모임, 한창 인기 있는 가수들의 공연, 여행, 동호회, 인터넷 채팅 등에 미친듯이 탐닉하며 쏟아붓는 그 모든 시간은—모든 면에서 고대인들이 생각했던 '여가'와 정면으로 대립하기 때문이다.

현대인들이 모든 이를 위한 기분 전환 프로그램으로 자신들의 몰개성적 욕망을 채우려 드는 반면, 고대인들은 일에서 물러나 유유자적하게 지내는 한때를, 자기 자신을 발견하기에 좋은 시간을 오래도록 누렸다. 세네카는 『루킬리우스에게 보내는 편지』에서 이렇게 말한다. "시간의 가치, 하루의 가치를 아는 자, 자기가 매일 죽어간다는 것을 아는 자를 최소한 한 사람이라도 아는가? 우리의 과오는 우리가 장차 죽는다는 것을 생각지 못하는 것이라네. 사실 죽음은 이미 오래전에 시작되었고 우리의 지난 삶은 죽음에 속한 거라네." 따라서 고대의 현자는 게으름을 잃어버린 시간의 '회수'로서 권고해마지않는다. 잃어버린 시간은 도둑맞은 시간이요, 도둑맞은 시간은 신경쓰지 못한 채 흘려보낸 시간이다. 심지어 소小플리니우스4는 자신의 벗 미니키우스 푼다누스에게 이렇게 권유한다. "자네도 할 수 있는 한 소란, 공허한 번잡스러움, 흥미 없는 일을 떠나 면학적인 휴식을 취하게나. 친애하는 아틸리우스가 재치 있고 세련되게 말했던바, 아무것도 하지 않으면서 부산하기보다는 게으름을 부리는 편이 백번 낫다네!"

우리의 짧은 생은 자연의 섭리에 따라 조금씩 마모되어 간다. 우리는 자연의 파괴 작업을 막을 수 없지만, 어떤 순간들을 무심하게 흘려보내는 데 가담하라고—무엇보다 동시대인들이 우리의 관망적 태도를 마구 짓밟도록 내버려둠으로써—우리를 강요할 수 있는 것은 아무것도 없다. 일과 거기에 결부된 온갖 사회적 의무만이 시간을 낭비하는 유일한 방법은 아니라는 뜻이다. 인간관계 역시 시간을 잡아먹고 그 썩은 것으로 자양분을 삼는 듯하다. 생각이 좀스러운 자들을 상대하며 우리 자신을 낭비한 적이 얼마나 많은가. 교양은 없으면서 선입견과 진부한 생각에 찌든 그네들의 말이 우리를 늙게 한다. 수다쟁이들에게서 권태를 느끼는 이유는 그들이 대화에 재주가 없기 때문이다. 우리의 의지가 약해서

---

4. 고대 로마의 법률가이자 정치가. 주요 관직을 두루 거쳤고 『서간집』을 남겼다. 광대한 지식을 집대성한 『박물지』를 쓴 고대 로마의 박물학자 대大플리니우스의 조카이기도 하다.

라기보다는 예의 때문에—게다가 그들이 친구 혹은 지인이라서—그런 수다쟁이들의 존재를 참아줄 때가 많아도 너무 많다. 아무리 마음을 단단히 먹어도 점심식사 혹은 저녁식사 한 번이면 그들의 영향력이 우리에게 옮아오기에 충분하다. 우리가 더 큰 모임에 속해 있을 때는 어떠한가? 괴로운 것은 고독이 아니라 군중이라고 말한 니체가 이렇게 묻는다. "어째서 우리는 보통 사람들의 사회를 떠나면서 회한을 느끼는가?" 그의 대답은 다음과 같다. "그 이유는 우리가 중요한 것을 가볍게 여겼기 때문에, 어떤 남성 혹은 여성에 대해 말할 때 솔직하지 못했기 때문에, 우리 의사를 표현해야 할 때 침묵했기 때문에, 기회가 주어졌을 때 제대로 반응하지 못하고 꽁무니를 뺐기 때문에, 한마디로 우리가 보통 사람들과 더불어 바로 그 보통 사람들처럼 행동했기 때문이다." 사실이 그렇다. 노예 상태는 군집 본능, 레저 취향, 인간 혐오를 전제한다. 노예는 의사소통이라는 악령에 사로잡혀 이미 주체도 객체도 없는 생각들로 꽉 찬 정신으로 소음과 이미지의 무수한 정보들과 접속하고 동족들과 어울리며 자기만족을 얻는다. 하지만 사고의 확장과 몽상에 용이한 침묵을 열망하는 여가적 인간은 가능한 한 모든 도구와 장비에 접속하기를, 귀찮은 인간들과 교제하기를 삼간다. 노예는 시계가 명령하는 대로 '똑같은' 시간에 맞춰 다른 노예들과 '똑같은' 노역과 오락거리에 열중하지만, 여가적 인간은 무위안일無爲安逸의 논리 혹은 활동 그 자체의 기복을 따라가기에 시차 속의 고독한 삶을 실컷 누린다.

노예와 여가적 인간의 차이는 마지막으로 다음과 같다. 노예는 여가적 인간과 달리 스스로 '소외'될 수 없으며 그러기를 원치도 않는다. 프랑크푸르트학파의 마르크스주의자들이나 앙리 르페브르[5], 기 드보르 같은 프랑스의 반체제 철학자들이 생각했던 소외 개념, 다시 말해 부정적 의미의 소외 개념은 루소주의적인 가정에 기대고 있다. 인간은 본질적으로 여가적 존재이지만 도착적인 사회체제와 자본주의가 인간의 본성을 변질시켰다고 보는 것이다. 그러나 이 가

---

5. Henri Lefebvre(1901~1991). 프랑스의 마르크스주의 철학자로, 소외 이론과 국가 비판이라는 두 측면에서 마르크스 사상을 재구성했다. 말년에는 현대사회의 일상성과 도시 문제에 집중했다. 대표작으로는 『변증법적 유물론』 『메타필로소피』 『리듬분석』 등이 있다.

정은 사태를 제대로 보지 못하거나 보고도 부정하는 것이다. 인간들을 주의깊게 관찰해보기만 해도 충분히 알 수 있다. 소수의 경우를 제외하고는 인간들은 자기들의 '인간다움'을 변질시킬 노동을 감내하거나 본의 아니게 여가를 소비하면서 괴로워하기는커녕 되레 즐기고 있다. 왜냐하면 그들에겐 '모두와 마찬가지로comme tout le monde'라는 표현 그대로, 다른 사람들처럼 일하고 노는 것이 가장―절대적으로―인간다운 것이기 때문이다. 그런 점에서 자본주의 체제는 신노예들의 행복을 위하여 모방 본능을 충족시킴으로써 소외를 억압하는 사회 형태라 하겠다. 동일자Même에 대한 열정으로 고취된 인간들은 부화뇌동하는 자신들의 경향에 부합하거나 적합한 세상을 요구하고 쟁취한다. 그러한 경향이 이러저러한 개혁을 하는 데는 꽤 도움이 될 수도 있겠으나, 어떤 경우에도 그 세상으로부터 떨어져나가는―라틴어 'alienare'⁶의 본뜻대로―데는 도움이 안 된다.

그들을 위해 만들어진 이 세계는 그들이 생각하는 이미지대로 유지되어야만 한다. 그렇기 때문에 그들은 자신들의 감성과 판단을 운좋게도 소외시켜줄 수 있는 모든 분야의 예술을 못마땅해한다. 만에 하나, 아주 드물게라도 그러한 소외가 발생하기만 한다면 그들도 충분히 시간을 할애해 예술의 아름다움을 꿰뚫어보고 이해하고 음미할 것이다. 신노예들은 독서가도, 음악애호가도, 탐미주의자도 아니다. 순진해빠진 철학이 주장하듯 주인이 문화에 접근할 수단을 빼앗아가서가 아니라—어차피 주인도 노예들과 취향이 똑같다—오락 상품들이 그네들의 인간다움을 참으로 충실히 반영하기 때문이다. 그들에게 예술가들은 엄청난 경계심을 불러일으킨다. 정해진 시간표만을 따르면서 산송장이 되어버린 인간들의 눈에, 니체가 말하는 "잉여적인 존재들"이 생성과 혼돈을 불안하게 묘사하는 화가들로 보이는 것은 너무나 당연하지 않은가.

---

6. '어떤 것에서 떨어져나가다'라는 뜻으로, 여기에서 '소외시키다' '양도하다' '분리시키다' 등의 의미가 파생됐다.

2

페르난두 페소아

"

교양 있되 정념 없는 삶,
언제라도 권태에 빠질 수 있을 만큼 느리지만
결코 그렇게 되지는 않을 만큼
심사숙고하는 삶을 살라.

"

나는 삼십 년째 철학을 가르치고 있다. 이 일이 내게 버겁지 않다곤 말 못 하겠다. 왜 이 일을 선택했느냐는 질문을 받으면 뭐라고 대답해야 할지 모르겠다. 모든 것은 대화 상대에 달렸다. 어쨌든 선생들이랑 얘기할 때는 절대로 그런 질문을 받지 않는다. 그들은 직장 동료는 직장 동료일 뿐이고, 누구나 사는 건 비슷하다고 생각한다. 이들이나 저들이나 초심이 뭐 그리 중요하랴. 일단 그 자리에 서면 모두 똑같은 문제들에 연연한다. 시간표 짜기, 정원 초과된 수업들, 경력 쌓기, 소속 갈아타기 등등. 이외의 다른 문제들은 일반적 관심사의 영역에 집어넣거나 아예 그 속에서 와해시켜버린다. 경제적인 면에서 교사 형편에 도저히 해결 못할 불행한 사건은 거의 없다고 할 수 있다. 자녀의 치아 교정에서부터 채무 위험, 장기 병가에 이르기까지 대부분의 문제에 대해 선생들은 제도적으로 '보장'받을 수 있다. 그래서 선생은 외부에서 볼 때나 내적으로 느끼기에나, 썩 대단치는 않아도 보장된 사회적 지위를 누리며 그 지위를 딱히 부끄러워하지도 자랑스러워하지도 않으면서 산다는 인상을 준다. 사회가 '교원'이라는 호칭으로 부르며 선생들을 살짝 폄하해도 정작 본인들은 개의치 않는 이유가 이로써 설명되겠다.

어느 심리학적 분석에서는 '교원'을 만만치 않은 사회를 겁내는 미성숙한 어른, 학교 품에서 벗어나지 않기 위해 다른 쪽으로 파고든 사람으로 보기도 한다. 나 개인에 한해서 이 가설은 타당한 것으로 밝혀졌다. 안정적이고 편안하며 크게 주목받을 일은 없을 거라는 생각에서 일찌감치 교원을 내 직업으로 염두에 두었다.

교사를 한직이라고 생각하는 사람들이 많다. 실제로도 아마 그럴 것이다. 교사 되기가 쉽지 않은 이유도 여기에 있으리라. 교사진에 진입하기 위한 시험들은 내게 참으로 넘기 힘든 장애물이었다. 교원자격시험 필기고사에서 몇 번이나 물먹고 포기해버린 적도 있다. 나는 네 번의 도전 끝에 겨우 중등교원자격증을 취득할 수 있었다. 사실 그렇게나 자격증 취득이 오래 걸렸던 이유는 나라는 인간의 고질적인 태만과 늑장 부리는 버릇 때문이었다. 가령, 나의 태만은 이런 식이다. 학식을 쌓기 위해 교과에 포함되는 저작들을 착실히 공부하지 않고 주변적인 철학자들의 저작이나 소설을 탐독한다. 실제로 석사과정중에 한동안은 오로지 미국 작가들의 '누아르 시리즈'만 읽어댔다. 데카르트와 말브랑슈[1]의 진리 추구보다는 사설탐정 샘 스페이드와 필립 말로[2]의 수사가 더욱 손에 땀을 쥐게 했다. 이러한 열중이 꽤 깊어져 석사

---

1. Malebranche(1638~1715). 프랑스의 수도사이자 데카르트 학파의 주요 철학자. 신앙의 진리와 이성의 진리를 조화시키고자 노력했다.
2. 샘 스페이드는 대실 해밋의 『몰타의 매』를 비롯한 일련의 작품에, 필립 말로는 레이먼드 챈들러의 『빅 슬립』을 비롯한 일련의 작품에 등장하는 주인공 탐정이다. 이 두 작가는 동시대에 활동하면서 추리소설의 하드보일드 장르를 확립했고, 그들이 창조한 캐릭터는 후대의 작품들에 영향을 끼쳤다.

논문을 써야 할 마당에 장파트리크 망셰트[3]의 '하드보일드'
스타일로—물론 필력은 그에 영 못 미치지만—'탐정소설'을
몇 챕터 써보기까지 했다.

늑장 부리기라고 하면 이런 거다. 복습, 논고, 발표, 연구
등의 과제가 도저히 뒤로 미룰 수 없는 것으로 인식되면, 정
신적 압박이 너무 심한 나머지 되레 까짓거 아무것도 아니
라는 식의 태도를 서둘러 취하곤 했다. 그래서 빨리하면 좋
지만 별로 중요하지 않은 자질구레한 일들을 먼저 처리하고
중대한 과제는 뒤로 미루었다. 가까운 사람들이 대학원 공부
를 열심히 하지 않는 나를 걱정하면 시간과 기회가 나를 위
해 일하도록 내버려두는 거라고 대꾸했다. 그러다 아주 드물
게나마 스스로도 게으름이 야속해질 때면 자기 변론으로 발
타사르 그라시안[4]의 금언을 내세웠다. '기다림'의 목발에 의

---

3. Jean-Patrick Manchette(1942~1995). 프랑스의 추리소설가. 폭력과 범
죄, 인간과 사회에 관한 작품을 주로 썼고, 클로드 샤브롤, 제라르 피레 등이
영화화하기도 했다.
4. Baltasar Gracián(1601~1658). 스페인의 예수회 신부이자 작가로, 삶의
지혜와 고상한 처세에 대한 글을 주로 썼다.

지하는 자는 헤라클레스의 곤봉으로 무장한 조급한 자보다 상황의 흐름을 훨씬 잘 지배할 수 있다고 하지 않았던가.

내 일이 버겁다고 말하긴 했지만 직업을 바꿀 마음은 추호도 없다. 물론 에세이 작가로서 인세 수입이 백배로 불어나는 경우를 제외하고 말이다. 마르크스를 빌려 말하자면, 생산관계에서 교사는 하찮은 위치를 차지하지만 공업이나 상업의 중간관리직에 비하면 그렇게까지 혐오스러운 직업은 아니다. 중간관리자들이 돈은 더 잘 벌지만, 경제가 흔들리면 그들의 형편도 같이 흔들릴 뿐 아니라 평소에 자유 시간도 부족하다. '선생들'이 얼마나 안정된 생활을 하고 긴 휴가를 쓰는지에 대한 얘기가 나오면 수많은 노동자들과 다른 직업군, 심지어 프리랜서로 일하는 사람들까지 입에 거품을 물고 분함을 느낀다. 그들의 잘못이라고 할 순 없다. 실제로 '징검다리' 연휴에 발생하는 추가 휴일과 그 외 법정 휴무일을 다 합쳐보니 내가 고등학교에 출근하지 않는 날은 일 년에 넉 달이 넘는다. 나는 수업 준비를 전혀 하지 않기 때문에 주중 근무시간도 18시간을 넘지 않는다. 보통 직장인들의 법정 근무시간에 비하면 대략 절반밖에 안 된다. 토요일이나

일요일과 붙어 있는 평일도 한나절은 자유롭게 보낼 수 있다. 따라서 노력하기를 싫어하는 내 취향을 고려해 언제나 휴가중인 사람처럼 보이는 밥벌이를 골라놓고서 이제 와 후회한다고 말한다면 정말 꼴불견일 것이다. 내가 교사 이외에 여유 있어 보이는 다른 직업에 종사할 수 있기나 하겠는가?

'취학scolarité'의 어원인 그리스어 '스콜레skhole'는 회화 습작과 여러 가지 아름다운 것들에 대한 지식을 쌓는 시간을 뜻했다. 영업판촉 인력과 기술관료만을 필요로 하는 이 기술관료주의적 중상주의 시대에 고대 '파이데이아paideia'[5]의 잔재, 다시 말해 파릇파릇한 영혼들에게 철학처럼 잉여적인 과목을 가르치는 풍토가 그나마 남아 있어서 기쁘다. 이런 면에서 보면 나는 고대 문명을 파괴하려고 발악하는 사회 속에서 고대 문명의 가치를 가르치는 이중간첩이나 다름없다. 이 책에서 멋지게 보이려고 하는 말이 아니라 내가 실제로 버릇처럼 자주 해왔던 말이다.

---

5. '교육·학습'이라는 뜻으로, 젊은이들을 도시국가의 건전한 시민으로 키워내는 것을 의미했다.

이런 삶이 가능한 이유는 내가 페소아의 말마따나 "교양 있되 정념 없는 삶"을 살 수 있는 한갓지고 평온한 고장에 거주하기 때문이다. 내가 대도시에서 철학 선생 일을 하고 있다면 내 하루하루가 언제라도 권태에 빠질 수 있을 만큼 느리게 흘러가지 않을 것이며 명상할 시간조차 없을 것이다. 1970년대에 지방분권주의에 입각한 비판이 크게 일면서 자기네 지방, 도시, 마을에서 공부할 권리를 부르짖는 운동이 다수 일어났다. 그 와중에 오크 지방의 절대자유주의자 집단은 '아무것도 하지 않을' 자유를 요구하고 나섰다. 내가 사는 온화한 기후의 바스크 지방은 돈 좀 있는 은퇴자들과 파도타기 하는 이들의 고장이다. 나는 여기서 노력이 요구되는 일, 피곤한 일, 생산적인 일, 수익이 있는 일, 유용한 일은 아무것도 하지 않겠다는 내 계획을 정확히 실천한다.

세네갈 연안 지방에서 유년기를 보낸 나는 1960년대 중반에 아버지가 사망하고 어머니와 비아리츠에 떨어졌다. 나의 비아리츠는 페소아의 리스본이 아니다. 하지만 북쪽으로는 외제니 황후[6]의 궁이 있고 남쪽으로는 일명 네모 선장, 알베르 드 레스페[7] 남작의 성이 있는 이 여름 휴양지를 나의 도시, 나의 미궁으로 삼고 한가롭게 산책하며 곳곳에 나만의 이정표를 세웠다. 겨울이 되면 비아리츠는 유령 해수욕장 분위기가 난다. 오래된 특급호텔들, 소박한 숙소들, 외벽이 초석硝石으로 뒤덮인 어부들의 집, 1930년대에 세계적인 대부호들이 지어놓은 웅장한 저택들, 경사진 거리와 골목길, 해변을 따라 뱀처럼 구불구불하니 이어지는 보행자도로, 늘 파도에 치이는 바위와 절벽, 짠내 나는 바람에 찢기고 뒤틀릴지언정 늘 버티고 서 있는 타마리스 나무, 물이 빠질 때면 드러나 피레네산맥까지 이어질 듯한 축축한 모랫길. 전 세계에 감도는 살벌한 지정학적 분위기보다 폭풍우가 더 중요한 기삿거리가 되는 이 도시 비아리츠는 나처럼 아버지 없는 아이가 '불안'을 키워나가기에 좋은 모든 조건을 갖추고 있었다.

---

6. Impératrice Eugénie(1826~1920). 스페인 출생으로 나폴레옹 3세와 혼인해 프랑스의 황후가 되었다. 휴양도시 비아리츠에 궁을 짓고 그곳을 자주 찾았다.

7. Albert de L'Espée(1852~1918). 막대한 부호로 알려진 이 인물은 세계 각지에 성을 지어놓고 옮겨다니면서 칩거 생활을 했다고 한다. 한편 그의 별칭이 된 네모 선장은 쥘 베른의 『해저 2만 리』에 등장하는 인물로, 해저 동굴에 노틸러스 호를 격납하고 그 안에서 고독하게 지내는 거부다.

이제 나는 쉰 살이 넘었다. 내 삶의 그림자가 점점 길어진다. 아버지는 이 나이까지 살아보지 못했다. 마흔여덟이 되고 얼마 안 되어 돌아가셨으니까. 그때 나는 아홉 살이었다. 그 당시 주위 사람들은 아버지를 두고 아직 죽을 나이가 아니라고, 아버지를 여의기엔 내가 너무 어리다고 했다. 하지만 죽음은 그런 유의 선입견에 휘둘리지 않는다. 만약 내가 스무 살쯤 되어서 아버지를 잃었다면 고아 취급을 받았을까? 고아라는 조건은 어린아이에게만 해당된다. 어른이 되면 그 조건도 사라진다. 어른이 되어서 그런 일을 당하면 세월이 약이라느니, 결국엔 슬픔이 옅어져 아무 해도 끼치지 않을 거라느니 하는 얘기나 듣는다. 서른, 마흔, 쉰에 부모를 잃고 나서 계속 그 슬픔에서 벗어나지 못한다면? 그랬다가는 수두 흉터를 늘 달고 다니는 것만큼이나 유별나게 보일 것이다.

아버지는 비아리츠를 좋아했다. 1963년, 아버지는 바스크 해안의 만이 내려다보이는 대로에 집을 샀다. 비다르Bidart, 게타리Guéthary, 앙다예Hendaye 지역이 한눈에 들어오는 그 집은 덩굴로 뒤덮인 슬레이트 지붕이 아름다운 석조 빌라 '마르트마리'였다. 아버지는 그곳을 "여름을 보내기에 딱 좋은 임시 거처"라고 말하곤 했다. 비록 그 임시 거처가 훗날 아내와 아들에게 피난처가 되긴 했지만 말이다. 그 집은 내게 즐겁지도 않고 길기만 한 청소년기의 여름방학을 보내는, '바다가 내다보이는' 커다란 방 두 칸짜리 숙소 같았고, 내가 열여덟 살 되던 해부터 따로 산 어머니에게는 술로 망가지면서 늙어가기 위한 독방 같았다.

과부와 아버지 없는 아이…… 우리의 생활, 어머니의 생활과 내 생활은 진부해빠진 사연에 딱 들어맞을 뿐 아니라 정신분석학에서 교과서적인 사례로 삼아도 좋을 만큼 그렇게 변해갔다. 애도의 시련과 심각한 우울 상태를 비교한 프로이트는 애도가 각별한 존재를 잃어버림으로써 발생하는 우울이라면, 심각한 우울 상태는 사랑받지 못하는 자신의 자아에 대한 애도임을 보여주었다. 애도하는 자가 누군가를 잃은 것이라면, 우울한 자는—자기 자신을 사랑할 수 있도록 해주었거나 혹은 그럴 가능성을 보여줬던 존재를 잃음으로써—자기 자신을 잃은 것이다. "누군가를 애도할 때는 세상이 초라하고 공허하게 느껴지지만, 우울증에 빠지면 자기 자신이 초라하고 공허하다"고 프로이트는 말한다. 이때 애도하는 자는 다른 사람을 사랑하거나 고인의 부재를 보상할 만큼 흥미로운 대상들을 찾음으로써 우울을 극복하고 세상 속에 다시 편입될 수 있다. 하지만 우울증 환자는 사랑할 만한 자아, 결코 나타나지 않거나 영원히 사라져버린 자아에 대한 애도에서 벗어나지 못하고, 그 자아를 천천히든 급작스럽게든 제거하고자 하는 마음을 갖지 않은 채 자아가 밉상으로 시들어가게 내버려둔다.

프로이트의 말대로라면 나는 애도중이었고 어머니는 우울증이었다. 다만 나는 몇 가지 감정적이고 사회적인 뒷받침에 힘입어 앞에서 말한 것처럼 세상에 다시 편입되긴 했지만, 아버지가 돌아가신 후로 세상에서 느낀 낯설음은 결코 몰아내지 못했다. 그 점에 있어서도 나는 다시 한번 프로이트가 옳았다고 생각한다. 너무 일찍 아버지를 여읜 아이는 신의 죽음을 경험한 거나 다름없다고 그가 말하지 않았던가. 아버지 없는 아이는 끊임없이 아버지의 대리를 찾아 양부를 맞아들인 양자처럼 행동한다. 그래서 어떤 지도자, 대의, 신념 따위를 우상처럼 떠받드는 데 온 힘을 쏟아붓는다. 그게 아니면 정반대로 그 어떤 말도, 신의 말씀처럼 권위의 후광에 둘러싸인 말조차도 듣지 않을 것이다. 모든 종교인이나 철학자, 관념론자를 사기꾼 보듯 할 것이요, 어떤 영적 이상, 개인의 지혜, 집단의 행복도 같잖게 여길 것이다. 바로 내가 그런 경우, 그것도 꽤나 심각한 경우였다. 나는 유년기와 청소년기를 보내면서 또래와 어른을 막론하고 사람들이 세상에 대해 말하는 방식이나, 그러한 말에 부합하게 살아가려고 노력하는 방식을 도통 이해할 수 없어 막막함을 느끼곤 했다. 그들은 우주의 질서와 더 나은 시대, '더욱 인간적인' 시대로 나아가는 인류를 이야기했다. 그러나 나는 그저 보편적 혼돈의 진동을 때로는 어렴풋하게, 때로는 격렬하게 느낄 뿐이었다. 나는 사람들이 자신의 착각을 그토록 진심을 담아 이야기하는 데 놀랐다. 나는 그들과 같은 현실을 살아가고 있었지만 고통 속에서든 기쁨 속에서든 그 현실을 좀더 생생하게 지각했다. 하지만 그들의 말이나 행동을 보면 그들은 정말로 카오스가 아닌 다른 현실에서 살고 있는 듯했다. 그들은 마치 현실은 카오스가 아니라는 듯이, 아무것도 우연과 시간과 죽음에 종속되지 않는다는 듯이, 자기네들의 존재를

52

비롯해 모든 것이 거의 순리대로 이루어지고 있다는 듯이 살고 있었다. 그들의 인생관을 이해하지 못하고 그들의 세계에 적응하지 못하는 것은 내가 너무 큰 정신적 외상을 입었기 때문이라고 생각했다. 어서 세월이 흐르고 흘러서 나의 '무우주론acosmisme'[8]이 끝내 치유되면 좋겠다고 생각했다.

그러나 시간이 흐를수록 증상이 완화되기는커녕 내 병은 갈수록 더 그악스럽게 표가 났다. 애도의 슬픔은 억압된 충동과 비슷한 데가 있다. 억압한다고 해서 충동을 완전히 뿌리 뽑지는 못하듯, 매일 좋은 얼굴을 하고 인간 희극에서 맡은 역할을 잘 연기하기 위해 슬픔을 억누를수록 그 슬픔은 내 영혼과 일체가 되어 기어이 권태로 변해버렸다. 그러한 권태는 뭔가 좋은 것, 혹은 바라던 상황을 실컷 누리고 난 뒤의 포만감도, 아찔한 무위도 아니었다. 나의 권태는 '세상' 돌아가는 모양새를, 다 망가지고 괴상망측한 장 팅겔리[9]의 기

---

8. 우주 및 세계의 실재성을 부정하는 사상으로, 실재하는 것은 신이나 자아 같은 절대적 관념뿐이며, 낱낱의 사물을 비롯한 모든 것은 허상에 불과하다고 여긴다.

계장치 바라보듯 보게 만들었다. 사람들의 행위와 몸짓을 으스스하고 정신 나간 자동인형들의 움직임인 양 보는 기분이었다. 살면서 끔찍한 일을 겪지 않은 팔자 좋은 사람들은 같잖은 형이상학적 설들을 믿을 수 있고 도덕적 슬로건을 따를 수 있다. 부조리는 의미의 부재이자 상실을 뜻하지만, 정신병에 걸린 사람에게는 의미의 전적인 포화 상태를 뜻하기도 한다. 개인적인 불행을 겪어보지 않은 사람은 이 사실을 이해할 수 없다. 그래서 가장 상식적인 이들이 세상에 대한 믿음이라는 아주 평범한 광기에 빠져든다. 그들은 신 없이 살 수 있다고 믿는데, 그러면서도 자신들이 어떤 전체에는 소속되어 있다고 믿는다. 자연의 질서, 그리고 '진보'를 추종하는 인간들의 콘텍스트가 그 전체를 이루는 두 개의 동심원이다. 그들은 그 전체에 열광적으로 가담하기 때문에 그 안에서 자리를 다시 잡을 필요조차 없다. 또한 그 전체 속에서 실존의 적극적인 행동들을 자유롭게 펼쳐나갈

---

9. Jean Tinguely(1925~1991). 스위스 출신의 조각가이자 설치미술가. 폐품을 조합해 만든 키네틱 아트, 즉 움직이는 조각 작품으로 유명하다.

수 있기 때문에 어떤 슬픔도 그들을 그 전체에서 몰아내지 못한다.

그렇지만 그들도 어디선가 가치, 이상, 목적성의 결여를 알아차리지 않느냐고? 그들이 보기에 그런 것들은 어떻게든 채워질 수 있다. 신념의 문제, 의지의 문제라고 그들은 말한다. 세상에 대한 작업œuvre, 결국 이것이 그들의 '실천이성'의 목표다. 그런데 난 숨쉬는 것만으로도 버겁고, 역동적인 것, 진지한 것이 두렵다. 다른 사람들은 뭔가 신비로운 목표에 도달하려는 욕망에 고취됐는지, 나는 도통 모를 초월적 사명에 뛰어든 것처럼 그러한 역동성이나 진지함을 유지해나가기에 열심인데 말이다.

내가 이러한 이유는 다음과 같다. 청천벽력 같은 아버지의 죽음 앞에서 처음에는 얼이 빠졌지만 차차 내 존재의 사용법을 되찾을 수 있었다. 하지만 아무 걱정 없던 어린 시절의 기민한 몸짓과 생각은 그때 이후 결코 되찾지 못했다. 인간은 바로 그 기민한 몸짓과 생각에 힘입어 생의 약동을 간직하는 것이다. 아버지가 돌아가신 후로 나는 느려졌다. 아주 사소한 사회적 의무조차 그것을 이행하려 들기 전부터 지겨웠고, 그러한 의무가 계속 부여되면 짜증이 났다. 사람들과 함께하게 되자마자 아무도 없는 자리가 그리웠다. 낙천주의를 솔솔 풍기면서 '삶 속으로 나아가기' 바쁜 신사 숙녀들과 어울리는 자리만큼 견디기 힘든 것도 없었다. 그래봤자 그 여정 끝에는 이미 무덤이 아가리를 벌린 채 그들을 기다리고 있을 뿐이다. 그런 사람들을 피해 모두가 흥분한 분위기에서 벗어나 휴식 시간을 한껏 늘리고자, 나는 오만 가지 핑계를 찾아냈다. 사랑을 위한 휴식, 몽상을 위한 휴식, 낮잠을 위한 휴식, 해바라기를 위한 휴식, 그리고 그 휴식 가운데서도 가장 완전한 부동不動에 도달하고자 했던 휴식들. 그 모든 휴식을 합산한 결과, 고대 시인들이나 철학자들이 설파한 좋은 삶이 전혀 부럽지 않을 만한 '감미로운 생dolce vita'의 분위기가 내 삶에 더해졌다.

어울리고 싶지 않은 귀찮은 사람들과 한자리에 있어야만 할 때는 최고의 '형이상학적 자리 비우기' 기법을 쓴다. 그건 바로, 어딜 가든 항상 소지하는 소설책이나 에세이집에 몰두하는 것이다. 가령 수업 시간에 학생들에게 텍스트를 하나 주고 약 삼십 분간 논평을 쓰게 하고는 그동안에 나는 지난 수업 시간에 읽기 시작했던 챕터 하나를 마저 끝내곤 한다. 끝없이 늘어지면서 나를 학교에 붙잡아놓는 교사회의 시간에는 미리 받은 회의 자료에 몰두하는 척하면서 그 속에 책을 숨겨놓고 읽는다. 가정교육을 제대로 받지 못해서 그런 건지 가까운 사람들과 있을 때도 지루해지면 이런 식으로 훌쩍 딴 세상에 가버린다. 설령 펼치지 않더라도 책을 가지고 있으면 안심이 된다. 정신이 부재하는 삶의 구역과 자유 구역의 경계선을 언제라도 넘나들게 해주는 친구가 내 손닿는 곳에 있기 때문이다. 삶의 구역은 어리석음, 범속성, 진부함이라는 세력이 점령한 구역이다. 자유 구역은 정신이 상상과 지성의 영역을 자유롭게 오가는 구역이다. 나는 책에서 낯선 세상을 찾는 게 아니다. 내가 독서를 정신적 이동 기술로 삼는 이유는 새로운 세상을 보고 싶어서가 아니라, 반대로 내게 가장 친밀한 거처들을 되찾기 위해서다. 다시 한번 말하건대 나의 동족들이 더없이 진지하게 분투하는 그 무대에서, 유독 나는 유배당한 듯 낯선 기분을 느끼기 때문이다. 물론 나도 그들과 같은 몸짓을 하고, 그들과 같은 언어로 말을 한다. 하지만 그러기 위해 나는 꽤 노력한다. 외국에서 길을 잃었을 때나 필요할 법한 노력을 기울여야만 그렇게 할 수 있다는 얘기다.

　책을 덮을 때마다 나는 운 나쁜 탈주자, 무슨 마가 꼈는지 결코 떠날 수 없는 고장의 해안가에 도로 떠밀려온 사람이 된 듯한 느낌을 받는다. 텔레비전 연속극 〈포로The Prisoner〉에서 패트릭 맥구언이 연기했던 6번 죄수처럼 말이다. 나는 비속한 현지인들의 나라로 돌아오자마자, 몇 분 혹은 몇 시간이나마 까맣게 잊었던 풍습과 방언에 다시 적응해야 한다. 등장인물들 혹은 사유들로 복작대던 본체계[10]에 잠시 유랑을 다녀온 기분이랄까. 책에서 현실로 퇴행해서 보면 내가 잠시 떠나 있었던 그사이에 성가신 사람들이 야만인으로 변해 있다. 그들은 내 친구 아르투로 반디니[11], 베르나르두 소아레스[12], 헨리 치나스키[13]를 비롯해 그 밖의 다른 인물들에 대해 아무

---

10. 현상계와 대립되는 관념의 세계를 가리키며, 예지계라고도 한다.
11. 존 판티John Fante의 『황혼에게 묻다』의 등장인물.
12. 70개에 달하는 이명으로 작품을 발표한 포르투갈의 시인 페르난두 페소아의 이명 중 하나이자, 『불안의 책』의 주인공.
13. 찰스 부코우스키의 『우체국』『팩토텀』『여자들』의 등장인물로, 저자의 분신과 같은 존재.

것도 모른다. 그들은 장세니스트[14]들이 고민했던 효능 은총
이라는 문제, 주세페 렌시[15]의 부조리 문제, 클레망 로세[16]의
분신 문제에 대해서도 전혀 모른다. 그들은 내가 살과 뼈
로 이루어진 진짜 사람, 심지어 꽤나 호감 가는 사람들 말
고 소설의 등장인물에게서 즐거움을 얻는다는 사실에 놀
란다. 신학적, 존재론적, 미학적 주제에 대해 격론을 벌일
때는 열정적이지만 스포츠나 노조 문제에 대한 얘기를 들
을 때는 지겨워한다는 사실에 아연해한다. 이 모든 것이 그

---

14. 네덜란드 신학자 코르넬리스 얀선이 성 아우구스티누스의 사상을 바탕
으로 주창한 가톨릭 교파와 그 양식을 일컫는 장세니슴의 지지자. 17세기
종교개혁 당시 장세니스트와 제수이트(예수회 사제)는 '인간의 자유의지와
신의 은총' 문제를 놓고 대립한다. 장세니스트는 인간을 타락한 존재로 규정
하고 인간의 자유의지를 부정하며 신이 선택한 일부만 은총을 받을 수 있다
는 '효능 은총'을 주장했다. 반면, 제수이트는 인간의 자유의지와 선을 행할
수 있는 능력을 옹호하며 인간의 자유와 노력에 따라 은총을 받을 수 있다
는 '충족 은총'을 주장했다.
15. Giuseppe Rensi(1871~1941). 이탈리아의 변호사이자 철학자. 제1차세
계대전의 혼란을 겪으며 세상의 모순과 현실의 부조리를 느껴 급진적 회의
주의와 무신론에 경도되었다. 대표작으로 『부조리의 철학』이 있다.
16. Clément Rosset(1939~). 프랑스의 철학자로, '현실' 개념을 오래 연구
했다. 그가 말하는 분신double은 현실의 '재현'이라는 개념에 가깝다. 로세에
의하면 현실은 다양한 성격으로 분류되고, 그중 지각되지 않은 현실, 알려지
지 않은 현실은 재현이라는 우회로를 통해서만 지각할 수 있다.

들의 눈에는 지식인 특유의 주변성의 표식으로 비치니 그들과 나 사이에는 완벽한 소통 불가능의 조건들이 다 놓인 셈이다.

이따금 아버지가 불쑥 돌아올 것처럼, 내가 다카르에서 마지막으로 보았던 모습 그대로 나타날 것처럼 느껴질 때가 있다. 키가 크고 건장한 편이지만 약간 특색 없는 얼굴에 밤색 머리를 뒤로 빗어 넘긴 사십대 남자의 모습으로. 그렇게 돌아온 아버지와 내가 어떤 관계를 맺을 수 있을지 궁금하다. 나보다 젊은 연배일 그 사내를 나는 과연 마주볼 수 있을까. 1960년대에서 온 사내와—아버지는 1966년에 돌아가셨다—아버지 없이 오늘날까지 여행을 이어온 내가 과연 무슨 이야기를 나눌까. 나는 아버지가 돌아가신 직후에조차 그러한 기적이 일어나기를 바란 적이 없다. 혹자는 그것이야말로 애도의 '작업'이 제대로 이루어지고 있었다는 증거라고 했다. 물론 글쓰기가 아버지와 나 사이의 은밀한 대화 수단이라고 생각한 적은 있다. 어쩌면 정말로 그럴지도 모른다. 하지만 어디까지나 부분적으로만 맞는 얘기다. 나는 이 교양 있되 정념 없는 삶에 전념하며 글을 쓰기보다는 글쓰기에

대한 상념에 더 많은 시간을 보내기 때문이다. 슬픔은 딜레

탕트를 낳는다.

3

마르셀 프루스트

> "
> 관념은
> 슬픔의 대용품이다.
> "

나는 프루스트를 뒤늦게, 스물다섯 살에야 읽었
다. 여덟 권짜리 『잃어버린 시간을 찾아서』는 오랫동안 위압
적으로만 느껴졌다. 작품의 분량 때문이 아니었다. 프루스트
는 독서의 즐거움보다는 문학적 교양을 쌓기 위해 의무감으
로 읽는 작가라는 선입견 때문에 도통 엄두가 나지 않았다.
하지만 대학을 졸업할 즈음에 읽어보기로 결심하고 결국 끝
장을 봤다. 어느 한 대목을 읽다가 "관념은 슬픔의 대용품이
다"라는 문장을 발견한 것이 내가 두려움을 철회하게 된 계
기였다. 그전에도 텔레비전이나 라디오 방송에서 소설가들

이 이 문장을 인용하는 것을 몇 번 들었다. 굉장히 인상적인 문장이었다. 일반적으로 이야기되는 프루스트 문장의 특징, 좀체 끝날 줄 모르는 만연체에 전혀 부합하지 않는 간결함이 인상적이었다. 무엇보다 암시적이면서 설득력이 있어서 좋았다. 내게는 그 문장의 의미가 명백해 보였다. 하지만 문자 그대로 해석하면 그렇게 명쾌하지는 않다. '대용품'이란 뭔가를 대체하는 것이다. 이를테면 사카린은 설탕의 대용품이다. 그런데 우리의 내면에서 관념이 슬픔을 대체할 수 있을까? 관념이 개입하면 슬픔의 농도가 좀 옅어질까? 나는 프루스트가 그런 뜻으로 한 말은 아닐 거라고 예감했다. 그후 몇 주를 이 책에 빠져 살다가 드디어 이 문장이 등장하는 바로 그 대목에 도달했다. 마지막 권인 『되찾은 시간』 중간쯤에서 프루스트가 창조에 대한 자신의 생각을 피력하는 대목이다. 그건 자신의 삶 자체에서 끌어낸 생각이었다.

내가 알기로 프루스트는 생트뵈브[1]에 대해 이야기하면서 그가 작가를 평가할 때 작품과 개인을 구분하지 않은 점을 비판했다. 또한 작품이 저자의 자아를 전혀 반영하지 않는다는 개념을 흔히들 프루스트에게서 유래한 것으로 본다는 것도 안다. 하지만 이건 잘못된 생각이다. 프루스트가 「생트뵈브의 방법*La méthode de Sainte-Beuve*」에서 "한 권의 책은 우리가 관습, 사회, 악습을 통해 드러내는 자아와는 또다른 '자아'의 산물"이라고 쓴 것은, 평론가가 단지 저자의 생활방식에서 출발해 작품을 '판단할' 자유, 요컨대 도덕과 미학을 뒤섞을 자유를 누려서는 안 된다는 뜻이었다. 가령 서간문을 참조하거나 측근, 친구, 연인 들의 증언을 감안해 파악한 샤토브리앙[2]이 주변 사람들에게 빌어먹을 상놈이었든지 신사였든지, 혹은 겁쟁이였든지 용감한 자였든지 간에, 저자에 대한 그 같은 정보가 문학작품을 판단하는 변수가 되어서는 안 되는 것이다.

심지어 『무덤 너머에서의 회상*Mémoires d'outre-tombe*』 같은

---

1. Charles Augustin Sainte-Beuve(1804~1869). 프랑스의 문인으로, 주로 비평 활동에 전념해 문학평론으로 명성을 떨쳤다. 프루스트는 1905년부터 『생트뵈브 논박』을 쓰기 시작했는데, 이는 『잃어버린 시간을 찾아서』의 집필로 이어졌다.
2. François-René de Chateaubriand(1768~1848). 프랑스의 문인으로, 강력하고 시적인 상상력과 화려하고 힘찬 문체로 동시대인을 매혹했다. 『그리스도교의 정수』『르네』『아틸라』 등의 작품을 남겼으며, 대표작 『무덤 너머에서의 회상』은 작가의 회상록적 성격이 강한 작품이다.

자전적인 작품에 대해서도 그렇다. 역으로 『무덤 너머에서의 회상』이 인간 샤토브리앙에 대한 판단에 작용해서도 안 된다. 샤토브리앙에 대해 판단할 때 그의 작품은 글을 쓰는 샤토브리앙, 곧 '작가'에 대한 판단에만 작용할 수 있다. 평론가의 과업은 『무덤 너머에서의 회상』이란 작품이 어떻게 그 구성, 리듬, 어조, 연상을 일으키는 작용에 힘입어 내부로부터 빛을 발하는지 보여주는 데 있다. 이로써 평론가의 과업은 저자를 '예술가'로서 조명하는 일이 될 것이다. 만약 그 과업이 작품 밖에서부터 조명을 비추려 하는 것이라면—그러한 의도는 타당하지만—작가에 대한 '전기적인' 정보들은 샤토브리앙의 자아와 그가 자기 삶에서 일어난 사건들을 독자들에게 이야기할 때의 자아가 다르다는 것을 감안한다는 조건에서만 이따금 유용할 것이다.

작품 속의 자아는 또다른 삶, 즉 말들의 삶 속으로 옮겨진 자아다. 좀더 정확히 말하자면 '자신의' 말들의 삶 속으로 옮겨진 자아라 하겠다. 그리고 프루스트는 이쪽이 더욱 '참된' 자아라고 본다. 작가가 자신의 펜을 맡기는 이 또다른 자아는 사회적 자아보다는 훨씬 더 친밀하지만, 성격을 가늠하기 힘든 누군가를 대할 때처럼 자기 자신도 파악하기 어렵다. 프루스트도 이렇게 말한다. "바로 이 자아를 이해하고자 한다면, 이는 우리의 마음 깊은 곳에서 그 자아를 재창조하고자 노력함으로써만 가능하다." 따라서 자신의 내면을 들여다보지 않으면 작품도 없다. 잃어버린 시간을 찾아나선다는 것은 시야에서 벗어나 있는 자아를 언어의 수면으로 끌어올리고자 노력하는 것, 그 자아가 글쓰기에 힘입어 차츰 자기 눈에 다시 들어오게 하는 것이다. 프루스트는 자기 자신을 찾기 위해서가 아니면 글을 쓸 필요가 없다고 본다. 바로 그렇기 때문에『되찾은 시간』에서 그는 이야기récit를 변질시키지 않고도 소설 기법에 대한 자신의 생각으로 되돌아온다. 그의 생각은 소설화된 사적인 추억들로 예증되고, '사색적인' 동시에 감정적인 기억을 세세하게 탐색한다.

나는 그러한 생각이 철학자들에게서 으레 발견할 수 있는 생각과 정면으로 대립되는 것을 확인하고 흡족했다. 이를테면 플라톤은 시적 재능을 신이 인간의 영혼에 행사하는 권능으로 보았다. 신이 인간을 법열 상태에 빠뜨리고 그 인간의 입을 통해 복화술사처럼 자기 뜻을 표현한다는 것이다.

한편 칸트는 예술가가 천부적 소질을 발휘해 자연이 직접 끝마치지 않은 생산을 마저 끝낸다고 생각했다. 예술을 초자연과 연관시키든 자연과 연관시키든 간에 플라톤과 칸트 둘 다 예술을 다른 상태로의 이동으로 여겼다. 그들의 말대로라면 예술가는 행복감에 취해서, 스스로를 초월해서 자신의 수완과 기량을 이끌어주는 정신적 흐름에 사로잡혀 작품을 만드는 셈이다. 그러한 정신적 흐름을 플라톤은 열광enthousiasme, 칸트는 영감inspiration이라고 부른다.

그런데 프루스트는 어떤 신적 존재, 일종의 창조적 충동에도 꿈쩍하지 않는다. 프루스트는 글쓰기를 어떤 도취로서 경험하지 않았다. 그는 고통스러운 해방의 마술, 나아가 치료의 마술에 임하듯 글을 썼다. 그것은 고통을 말로 변모시키는 마술이었다. 프루스트의 한 줄 한 줄에는 애초부터 슬픔이 있었다. 프루스트는 그 중독적인 감정에 대해 전혀 면역력이 없었기에 짓눌리고 말았지만, 어떤 성분이 신체 내에 아주 오래 머무르면 으레 그렇듯 슬픔 없이는 살 수 없게 되어버렸다. 사람이 슬픔 때문에 죽기도 한다. 그러나 슬픔을 불러일으킨 충격이 그렇게 치명적이지 않다면 슬픔은 혈액에서 희석되고 세포 속으로 서서히 퍼져 현실에 대한 감각적, 심리적 지각을 조금씩 변화시킨다. 그리고 세월이 흐르면 우울, 즉 모든 것에서 멀찍이 물러난 채 수고롭고 소란스러운 삶에 진저리치며 오로지 관망만 하는 의식 상태로 변한다. 독일인들은 우울을 '세월병'이라고 부른다. 마치 우리가 호흡하는 공기 속에 섞여 있지만 보이지는 않는 부식성 물질처럼, 초, 분, 시, 일, 주, 월, 년의 흐름이 우리를 갉아먹는다고 생각하는 듯하다.

프루스트의 글쓰기는 그 병의 상흔들을 드러내보인다. 그의 글에서 우리는 실패, 애도, 이별, 실망, 배신, 나아가 신체적 질병들과 흐르는 세월 속에서 '급작스러운 노쇠의 징후'처럼 경험하는 내면의 손상들을 읽는다. 프루스트는 그것들을 이야기라는 허구로 가져가 그것들이 나타난 상황, 그것들이 자신에게 끼친 고통과 그후로도 어렴풋이 남아 있는 고통의 모든 뉘앙스를 다시 쓰는 데 주력한다. 삶은 곧 고통이라는 것에 대한 증언 행위가 글쓰기라면, 고통 없는 삶을 누린 자의 증언은 아무 가치도 없다. 프루스트는 '행복'만큼 작가에게 비생산적인 것은 없다고 했다. 이 지적은 모든 예술가와 철학자에게 적용된다. 건강, 부르주아의 안락, 평온한 나날은 예술가에게 사회적 의무, 사교계 생활, 온갖 종류의 번잡함이라는 '여흥'을 마음먹게 한다. 그 속에서 예술가의 마음과 정신은 상실되고, 존재와 사물에 대한 경험은 빈곤해진다.

물론 예술가가 기민하고 교양 있는 지성에 힘입어 재미있고 기분 전환이 되는 작품, 시류에 잘 맞는 작품을 쓸 수는 있겠다. 하지만 그러한 작품들은 너무 얄팍하기에 결국 무거운 벌칙만큼이나 지루해진다. 샹포르는 말한다. "우리가 가장 크게 잃어버린 날은 웃지 않는 날이다." 프루스트는 이 격언에 대해 다음과 같이 답한다. "행복한 세월은 잃어버린 세월이다." 그렇기 때문에 작가는 "글을 쓰기 위해 고통을 기다려야만" 한다. 소설을 쓸 때는 "커다란 슬픔"이 사유와 상상력을 가동시킨다는 점에서 "유용"하다. 사유와 상상력은 "놀라운 기계들"이지만 자주 "불통 상태"에 빠진다. 슬픔은 모든 지각이 무화되는 극도의 쇠약 상태, 감수성이 날카롭게 벼려지는 상태를 불러온다.

프루스트는 고통을 영감의 온상이라기보다는 생의 미학

적 표상의 조건이라 이야기한다. 고통은 다시 말해 생의 현실적 표상이다. 이런 점에서 프루스트와 비슷한 철학자가 있다면, 흔히들 생각하는 베르그송이 아니라 쇼펜하우어다. 베르그송과 쇼펜하우어는 표현 영역이 무엇이든 예술가가 작품을 통해 복잡다단하고 상세한 현실을 그대로 보여준다는 점에 동의할 것이다. 사람들이 현실을 보지 못하는 것은 현실과 다른 겉모습에 현혹되기 때문이 아니라, 경제적으로 살아남거나 성공적인 경력을 쌓거나 공장이나 가게를 잘 경영해서 수익을 거둬들여 애들을 키워야 한다는 생각에 사로잡힌 나머지 그들의 산만하고 피상적인 시선에 현실이 아예 지각되지 않기 때문이다. 그들은 개미집 속 개미들처럼 거대한 사회적 전체가 잘 돌아가게끔 협력하느라 바빠서 개인의 운명을 독보적인 드라마로 생각하지 못한다. 그 드라마가 독보적이기로는 뒤지지 않는 다른 드라마들과 뒤엉키고, 그들의 감정처럼 혼란스럽기 그지없는 배경 속에서 펼쳐진다. 그들이 그 많은 행위들의 동기를 정확하게 떠올리거나, 자기에게 친숙한 환경, 가령 자신과 가장 친한 사람들을 적절하게 묘사해야 한다면 어떨까. 그들은 아마 일반적이고 빈곤한 애기밖에 하지 못할 것이다.

베르그송은 자연이 '우발적으로' 인간으로 하여금 행위에서 '떨어져나와' 현실을 관조하게 하기 때문에 예술이 존재한다고 보는 반면, 쇼펜하우어는 예술이 불구의 활동이라고 본다. 예술가는 생의 의지가 위축된 사람으로, 삶이 위축되는 대신 의식이 비대하게 발달한다. 삶이 위축될수록 예술가는 더 잘 볼 수 있다. 존재하고자 하는 힘이 허약한 이유—선천적 질병, 어린 시절에 입은 심각한 정신적 상처, 살면서 겪은 이런저런 고통—가 무엇이든 간에 예술가는 자기가 몸소 인간 희비극에 뛰어들 자격이 없다고 생각한다. 하지만 그렇기 때문에 이 희비극을 쭉 지켜보고 다시 옮겨 쓰기에는 더없이 좋은 입장에 있다.

하지만 프루스트는 나름의 방식으로 타자에 대해 아무 말도 안 한다. 처음에는 눈물을 글썽이느라 흐릿하게 느껴지던 슬픔은 눈물이 말라갈수록 또렷해진다. 그리고 그는 이 슬픔을 말로써, 다시 말해 관념으로써 나타내보고픈 욕망을 느낄 뿐이다. "관념은 슬픔의 대용품이다." 여기에 프루스트는 덧붙인다. "슬픔은 관념으로 변하는 순간 우리 마음에 끼치는 유해성을 일부 잃는다. 심지어 처음에는 그러한 변화 자체가 급작스러운 기쁨을 발산한다." 즉 프루스트는 관념에 대해, 슬픔의 대체물이라는 데서 더 나아가 감각에서 표상으로의 변화가 낳은 결과라고 기술하는 것이다. 그리고 이 변화를 바탕으로 새로운 감정, 즉 미학적 기쁨이 태어나는 것이다. 쇼펜하우어는 좌석에 앉아 무대 위 주인공의 불운을 지켜보는 비극애호가가 어떻게 최악의 재앙에서 '기쁨의 계시'를 감지하는지 강조한다. 그러한 비극애호가는 한 인간의 불행을 즐기는 것이 아니라 불행의 표상을 인간 조건 자체로서 즐기는 것이다. 그는 오이디푸스나 오셀로가 아니지만, 소포클레스와 셰익스피어가 작중인물들을 통해 보여준 바 역시 비록 가상일지언정 그 자신의 자아와 심란하리만치 닮았다. 이때 인간적으로 참담하고 비장한 것은 그 무엇이든 그에게 낯설지 않다. 마침내 활짝 만개한 진리를 경험하면서 그는 시력을 되찾은 맹인처럼 환희를 맛본다. 그 같은 기쁨이 인간으로 태어났다는 불운을 조금도 달래줄 수는 없지만, 생의 본질을 알고 싶다는 욕망, 보잘것없고 상처가 될지라도 그것을 알고 싶다는 욕망은 만족시켜준다. 비록 그런 욕망을 느끼는 세상 사람들이 많지는 않지만 말이다. 물론 배우들이 무대 뒤로 사라지고 극장 문이 닫히면 비극애호가는 곧 자신의 삶을 되찾을 것이다. 끊임없이 이어지는 굴욕, 고통, 불안이 다시 시작되고 거창한 목적성을 꾸며내어 자기 자신을 속이는 불굴의 힘도 돌아올 것이다. 그러나 연극이 지속되는 동안은 생의 의지로 인한 괴로움을 느끼지 않는다. 그 시간만큼은 생의 의지와 그러한 의지가 인간에게 끼치는 고통의 '관념'을 즐기기 때문이다. 소포클레스 혹은 셰익스피어는 두세 시간 동안 이 눈먼 사내에게 정동을 일으켜 그를 각성한 의식의 소유자로 바꾸어놓는다. 통찰력을 기르는 데 극시劇詩가 철학보다 훨씬 뛰어나다는 쇼펜하우어의 말이 이를 뒷받침한다.

문학에 대한 프루스트의 생각도 다르지 않다. 물론 뉘앙스의 차이는 좀 있지만 고통의 원천인 생의 의지가 그의 내면에서 기쁨을 낳는 생의 의지의 표상으로 바뀌는 것은 글쓰기를 통해서다. 프루스트는 자신의 묘사와 구상 기법을 화가의 기법에 비유하며 자신의 상상력을 "내면의 작업실"이라고 칭했다. 그 작업실에서 말들은 연필심, 붓, 나이프처럼 작용하며 슬픔을 소설적 관념, 즉 인물, 캐릭터, 줄거리, 배경 등으로 바꾸어놓는다. 그는 이 관념들을 연결함으로써 감정에 관해서는 허구가 아닌 연재소설을 써냈고, 스스로 최초의 독자가 되는 기쁜 특권을 누렸다. 글쓰기가—어느 한 불행을 겪음으로써 다른 불행에 대해서도 면역력이 생기지 않는한—슬픔을 치유하지는 않지만 슬픔의 강도를 낮추고 몇몇 치명적인 결과들을 지연시킬 수는 있다. 자신이 떠받치고 사는 지옥의 진실을 발견하고 깨닫는다 해서 그 지옥의 고통을 면하는 것은 아니다. 반 고흐는 붕대로 얼굴을 감싼 자화상을 그리기 전에 자기 귀를 잘랐고, 나중에는 자기 배에 총을 쏘았다. "슬픔은 비천하고 가증스러운 하인들이다. 우리는 그들과 맞서 싸우다 그들의 지배에 점점 빠져든다. 결코 갈아치울 수 없는 그 하인들이 지하 통로를 통해 우리를 진리와 죽음으로 이끈다." 프루스트는 이렇게 말함으로써 자신의 '대용품' 개념을 버린다. 그리고 작가가 바랄 수 있는 유일한 행복을 다음과 같이 요약한다. 죽음의 시간이 오기 전에 진리의 시간을 알리는 종소리를 듣는 것, 작가는 오직 그 행복만을 바랄 수 있다.

4
아르투어 쇼펜하우어

"
인생 이야기는
항상 고통의 이야기다.
"

나의 염세주의는 선보다 악이 세상을 지배한다는 식의 철학적 개념이나 모든 것을 어둡게만 바라보는 성격상의 특징이 아니다. 세상은 질서 있는 우주(코스모스Cosmos)가 아닌 혼돈(카오스Chaos)이며, 그 세상 속 삶은 곧 고통이라는, 명쾌하고도 사실상 진부한 생각이다. 이 점에서 있어서 모든 인간은 염세주의자다. 인간이라면 누구나 자기 생이 일관성 없고 부조리하다는 것을 마음 깊이 느끼며, 자신도 만물의 붕괴 속으로 함께 휩쓸려들어가는 무우주적인 모나드[1]에 불과하다는 것을 안다.

이러한 생각을 품고 살아가는 이들을 둘로 나눌 수 있다. 일단, 세계의 무의미에 질겁한 나머지 구원의 낙관론으로 전향해 윤리적 기만들을 덮어놓고 받아들이는 다수의 불행한 염세주의자들이 있다. 그 모든 담론들은 죽음, 노화, 고통, 실패와 화해한, 선하고 성공적이며 진정하고 복된 삶을 이야기하며 그들의 환심을 산다. 다른 한편에는 소수의 행복한 염세주의자들이 있다. 그들은 '싫든 좋든 어쩔 수 없이' 최악의 상황에 적응하고, 그것을 이따금 웃음의 소재로 써먹을 결심까지 한다. 왜냐하면 그들에겐 무의미함에 대한 감각이 있는데, 이것이 소위 '유머'다. 불행한 염세주의자 무리의 눈에 행복한 염세주의자들의 철학은 변변찮아 보인다. 그들의 철학에는 아무런 위안의 메시지도, 더 나은 삶의 방식에 대한 의미 있는 가르침도 없기 때문이다. 행복한 염세주의자들은 되레 사람들이 듣고 싶어하지 않는 얘기, 가령 모든 것이 허무

---

1. '1' 또는 '단위'를 뜻하는 그리스어 '모나스monas'에서 유래한 개념. 특히 라이프니츠는 이것을 모든 존재의 기본적인 실체, 단순하고 불가분하지만 원자와 달리 비물질적인 실체라고 주장했다.

하다는 얘기를 꺼내어 자기네들의 입장을 더 어렵게 만든다. 쇼펜하우어가 딱 그렇다.

쇼펜하우어는 우주 속에 출현하고, 살아가고, 움직이는 모든 것의 근간에 '의지', 즉 무의식적이고 맹목적이며 누그러뜨릴 수 없는 힘의 작용이 있다고 보았다. 그는 '약동' '노력' '에너지' '충동'이라는 표현도 쓴다. 지구가 자전하면서 태양 주위를 공전하는가? 그게 의지다. 바다의 밀물과 썰물? 그것도 의지다. 용암이 분출하는 화산? 의지다. 땅에 떨어져 아름드리나무로 자란 한 알의 씨앗? 그 또한 의지다. 먹잇감을 추적하는 사자? 의지다. 교미를 하고 알을 까는 크고 작은 벌레들? 의지다. 진흙 위를 기어가는 민달팽이? 의지다. 뛰노는 아이들, 서로 죽고 죽이는 사내들, 아기에게 젖을 물리는 여인은? 그 모든 것이 의지다. 이처럼 소우주적인 것에서 대우주적인 것에 이르기까지 전체는 그 속에 내재하는 생산적 동력의 무수한 표현들이 합쳐진 것에 불과하다. 바로 그렇기 때문에 인간은 동물은 물론이요, 식물, 광물, 행성, 별 등과도 본질적인 공통성을 지닌다.

오직 인간에게서만 의지가 고도의 유기적인 조직체로 구

현됨으로써 사유를 낳는다. 이때부터 의지는 두뇌 기능을 매개 삼아 그 자체로 상상 혹은 이성의 표상 대상이 된다. 달리 말하자면, 세계는 현상적인 형태를 취함으로써 근거 없는 사색—종교, 신념, 미신—이나 객관적인 지식—물리학, 화학, 생물학 등—의 구실을 제공한다.

그렇지만 표상은 제아무리 과학적인 것일지라도 피상적일 수밖에 없다. 의지에서 발생한 표상들은 그 자체로 지각되지 않고 순전히 지식적 개념이나 범주의 '결과'에 투사되기 때문이다. 현상들이 인과론, 합목적성, 생성에 부응하는 것처럼 보이는가? 그건 다 '이성의 원리'에 자극받은 해석에 불과하다. 그러한 심리적 실용적 표상 작용에서 여타의 모든 원리들이 나온다. 지식인들만이 모든 것이 자연에서 야기되었다고—모든 것이 자연 속에서 존재 이유를 갖는다고—따라서 모든 것이 대의, 목적, 동기에 따라 작동한다고 생각한다. 개인의 생성 혹은 인간 집단의 생성을 표상할 때는 착각이 더 깊어진다. 의지는 주체에게 결정론적, 목적론적, 논리적, 도덕적 이론들에 대한 영감을 불러일으키지만 그 이론들은 의지를 설명하지 못한 채 해석만 한다. 사실 당연히 그럴 수밖에 없다. 의지는 '어째서'와 '무엇을 위하여'를 따지지 않고 드러나며 세계를 그 모습 그대로—이따금 약간의 변이와 변형은 있지만—생산하고 재생산한다. 그리고 늘 여기에는 아무런 필연, 의도, 바람도 개입하지 않는다.

　동물은 순전히 본능으로 움직인다. 동물에겐 자신을 움직이게 하는 의지나 자기가 살다가 죽을 환경에 대한 표상이 없다. 반면에 인간의 경우는 의지가 지성을 낳는다. 인간은 자신의 신체적 욕구나 정서적 경향뿐만 아니라 세계의 현상들까지 의식한다. 그리고 이 이중적 입장에 도달하는 순간부터 '놀라움'에 사로잡힌다. 쇼펜하우어는 "인간 외에는 자연의 어떤 존재도 자기 자신의 존재를 놀라워하지 않는다"고 지적한다. 여기서 말하는 '놀라움'은 범상치 않은 사건을 대할 때 느끼는 행복한 놀라움을 가리키는 것이 아니라 반대로 진부한 사실을 마주하여 느끼는 '어이없는 괴로움'을 뜻한다. 자신이 영원하고도 이상한 세상에 아무 이유 없이 일시적으로 내던져진 존재라는 생각은 인간에게 청천벽력처럼 다가올 것이며—'놀라움étonnement'이라는 단어가 '천둥치다tonner'에서 유래했듯이—이후에도 수시로 그를 심란하게 할 것이다. 인간이 의식의 영향을 받는다는 이유에서 쇼펜하우어는 인간을 "병든 동물"이자 "형이상학적 동물"로 규정한다. "죽음에 대한 강박관념, 삶의 비참과 고통은 철학적 성찰에 대한 충동을 가장 강력하게 불러일으킨다. 만약 우리 삶이 고통 없이 흘러가고 어떤 의미마저 거기 있다면 우리 중 그 누구도 세계가 왜 존재하며 왜 이 모양인지 의문을 품지 않을 것이다. 모든 것이 당연시될 테니까."

우리가 처음 숨쉬는 그 순간부터 마지막 숨을 거두는 순간까지 불행은 쉴새없이 이어진다. 불행이 잠시 우리를 놓아줄 때, 요컨대 '행복'이라고 일컫는 순간조차 우리는 그렇게까지 마음이 편치 않다. 우리 스스로 유예 상태에 있음을, '최악의 상황'은 언제 닥칠지 모르고 우리는 그로부터 안전할 수 없음을 잘 알기 때문이다. 심각한 질병, 자연재해의 파괴, 경제위기로 인한 피해, 전쟁의 살육, 빈곤, 오만 가지 모욕 등이 우리에게 닥쳐올 위험은 어느 때라도 있다. 무엇보다 우리는 매 순간 신체적 폭력이나 도덕적 악의를 지체 없이 제멋대로 휘두르곤 하는 해로운 동족들을 두려워한다. 이런 까닭에 쇼펜하우어는 낙관주의에 대해 "다수의 진부한 인간들이 떠들어대는 의미 없는 수다이거나, 그게 아니라면 '불경한' 의견, 인류의 지울 수 없는 고통에 대한 가증스러운 조롱"이라고 격분한다.

살아 있는 유기체에게서 나타나는 의지는 개체화의 원리를 따른다. 동물은 개체적인 본능보다 종 특유의 본능이 우세하지만 인간은 그 반대다. 개체 의식으로 인해 종에 대한 소속감을 은폐하거나, 심지어는 그에 대해 검열까지 할 수 있다. 그렇기 때문에 쇼펜하우어는 연민compassion을 소수의 전유물로 보고 매우 중요시한다. '에고ego'는 자신이 어떤 유일한 중심인 양 상상하고 온 세상이 자기를 중심으로 돌아가야 하는 줄 안다. 물론 이러한 태도는 다른 에고들의 적개심을 불러일으키게 마련이다. 이처럼 파괴적인 효과를 나타내는 이기주의는 아주 어릴 때부터 나타난다. 쉬는 시간에 학교 운동장을 흘끗 둘러보기만 해도 토머스 홉스의 주장에 손을 들어주기는 충분하다. 홉스는 쇼펜하우어가 항상 경의를 표했던 철학자다. 그는 "만인에 대한 만인의 투쟁bellum omnium contra omnes"이라는 표현으로 인간의 폭력적인 천성을 환기했다. 실제로 그처럼 소란하고 과격한 광경은 '모두가 모두를 상대로 벌이는 전쟁'과 비슷하다. 온갖 미숙한 정념들의 맞부딪힘은 무기들의 충돌, 고대 원형경기장의 증오 어린 아우성을 연상시키며 전쟁터의 핏빛 아수라장이나 폭동이 일어난 도시를 예고한다. 과장법에 감각과 재능이 있던 쇼펜하우어는 인간들의 피비린내 나는 이기주의를 한마디로 이렇게 표현했다. "제 동족을 죽이고 그 시신의 비계로 자신의 장화를 닦을 법한 인간이 비단 한 명만은 아닐 것이다."

쇼펜하우어는 인류의 인간 혐오적인 사회성을 설명하기 위해 또다른 비유를 든다. 바로 저 유명한 고슴도치의 비유다. 몹시도 추운 겨울날, 고슴도치들은 조금이라도 온기를 느끼려고 서로 몸을 바짝 붙이고 있었다. 하지만 몸뚱이가 닿으면 가시에 찔리기 때문에 얼음장 같은 추위 속으로 서로를 밀어냈다. 추위를 견딜 수 없게 되자 그들은 다시 가까이 다가갔고 그 바람에 또 서로 상처를 입히고 말았다. 결국 홀로 있거나 붙어 지내거나 고통스럽기는 마찬가지요, 이 두 고통 사이의 왕래는 고슴도치들이 '피차 참아 넘길 수 있는 중간 거리'를 찾을 때에야 비로소 중단된다. 인간들에게 있어서 이 거리는 곧 '권리'를 뜻한다. 홉스의 영향이 다시 한

번 드러나는바, 쇼펜하우어는 에고들이 붙어 지냄으로써 서로에게 야기하는 생지옥의 고통이 규칙, 판관, 헌병대, 교수대를 구비한 국가를 제도화함으로써 다소 누그러진다고 보았다. 국가가 인간 욕망의 호전적이고 무질서한 행동방식을 철폐할 수는 없지만—의지는 어떤 법제로도 저지되지 않으므로—적어도 강제적 수단을 인색하게 동원하지만 않는다면 이기주의자들을 진정시키고 비교적 평화로운 공존을 꾀할 수 있다. 강력한 국가가 옹립된 사회에서 '개개인은 자신의 선이 포함된다는 것을 알기에 모두의 선을 추구'한다. 그런 점에서 소위 '도덕'은 우리가 '정의'라고 부르는 것과 구별되지 않는다. 그것은 미덕으로서의 정의가 아니라 의무와 상벌이라는 도구 일체를 갖추고 있는 법과 경찰의 제약으로 생겨난 정의다. 쇼펜하우어가 생각하는 정의로운 인간은 선하거나 지혜로운 인간이 아니라 헌병을 무서워할 줄 알고 법 앞에 칼같이 복종하는 시민이다.

어중간하게 교양을 갖춘 대중은 쇼펜하우어의 주요 저작은 잘 모르고 『여록과 보유*Parerga und Paralipomena*』[2]를 편역한

소품적인 책들이나 좋아한다. 그들은 쇼펜하우어를 음침하고 우울한 철학자의 전형으로 생각한다. 내 대학 시절의 교수님들은 쇼펜하우어를 경멸하는 태도를 취하거나, 그의 저작을 논하는 데는 응하더라도 그를 위험한 이데올로기의 철학자로 치부하곤 했다. 1988년에 출간된 책[3] 한 권이 생각난다. 쇼펜하우어 탄생 200주년을 맞이하여 출간된 그 책에서, 고명한 철학 연구자들은 그네들의 재능과 성실을 한데모아 이 염세주의의 대가가 오늘날의 독자에게 미칠 수 있는 유해한 지적 도덕적 영향을 경고하고 그를 속히 잊기를 강권하는 듯했다. 어느 여성 필자는 쇼펜하우어가 동물들에게 연민을 품으면서도 유대인을 미워했다고 비판했고, 어느 남성필자는 쇼펜하우어가 행복을 탈신화화했다고 비판했으며, 또어떤 이는 불교에 대한 그의 이해가 부족했다고 지적했다.

---

2. 『의지와 표상으로서의 세계』의 부록 격으로 출간한 책. 에세이적 성격이강해 쇼펜하우어가 대중적 인기를 얻는 계기가 되었다. 원문에서 주제별로글을 추려 엮어낸 편집본들이 많이 출간되었다.
3. 『쇼펜하우어: 탄생 200주년 기념 신논문집 *Schopenhauer: New Essays in Honor of His 200th Birthday*』.

쇼펜하우어는 교수들을 위한 철학자가 아니라 문학과 예술에 풍부하게 적용될 법한 정신의 소유자였다. 철학사 전체를 통틀어 그런 인물은 쇼펜하우어가 유일할 것이다. 나는 쇼펜하우어의 『의지와 표상으로서의 세계』가 내가 거장이라고 생각하는 작가, 화가, 영화감독 들에게—모파상, 플로베르, 위스망스, 톨스토이, 하디, 카프카, 프루스트, 만, 셀린, 베케트, 베른하르트, 엔소르, 뭉크, 딕스, 베이컨, 베리만, 르윈, 페킨파, 비스콘티, 안토니오니, 앨런에게—지대한 영향을 주었음을 알고 그 저작을 읽기 시작했다. 이 예술가들을 다룬 평론, 해설, 연구에는 각 작품에 깔린 쇼펜하우어적인 '바탕' 혹은 '작풍'에 대한 언급이 어김없이 나왔다. 물론 이러한 소설, 회화, 영화가 쇼펜하우어 철학을 미학적으로 충실히 표현한 것은 아니다. 그러나 이 작품들은 분명 그 철학의 정조情調에 화답하고 있다.

쇼펜하우어의 진정한 매력은 음악과 미술에서 말하는 일종의 조[4]를 그의 글에서도 느낄 수 있다는 것이다. 우리는

---

4. 調, tonalite. 음악에서는 음조나 조성을 뜻하고, 미술에서는 색조를 뜻한다.

『의지와 표상으로서의 세계』를 펼치기가 무섭게, 무게와 박력이 있는 사유를 떠받치는 민활한 글쓰기에 사로잡힌다. 그의 글은 우리를 즉시 어떤 분위기로 몰아넣는다. 몇몇 대목에서는 마치 인간들이 서로를 살상하면서 내는 소리, 탄식과 신음과 빠드득 이 가는 소리가 들리는 것만 같다.

쇼펜하우어는 이 저작의 서문에서 자신의 철학을 체계의 형식이 아닌 유기체의 형식으로 전개하겠노라고 명시한다. 모든 부분은 다른 부분들을 포함한다. "어떤 부분도 첫번째나 마지막이 아니다." 하지만 한 부분이라도 간과하면 사유 전체를 파악할 수도, 이해할 수도 없다. 게다가 쇼펜하우어는 『의지와 표상으로서의 세계』를 두 번 읽는 것이 좋다고 말한다. 처음에는 각 장의 논리적 순서를 따라 읽고, 두번째 읽을 때는 아무데나 펼쳐서 접근해보라는 것이다.

나는 『의지와 표상으로서의 세계』를 두번째로 읽을 때 망설임 없이 3장을 펼쳤다. 쇼펜하우어는 여기서 스피노자의 지복 이론[5]과 정면으로 대치되는 심미적 쾌락에 대한 견해를 피력한다. 『에티카』의 저자는 '제3종의 인식'을 통하여, 즉 상상력의 잡음이 배제된 직관적 능력을 통하여 영혼이 자연의 결정론을 꿰뚫어보고 파악해 그 영향으로부터 벗어난다고 보았다. 그러나 『의지와 표상으로서의 세계』의 저자는 예술작품들을 관조함으로써 정화된 의식이 '인식의 순수한 주체'가 된다고 보았다. 스피노자가 생각하는 현자가 과학자라면, 쇼펜하우어가 생각하는 현자는 탐미주의자다.

쇼펜하우어는 모든 존재 형식에서 의지를 우위에 두고, 바로 그렇기 때문에 인간에게는 육체적 욕망, 이를테면 성욕 같은 정서적 경향이 지성보다 우세하다고 주장한다. 오직 심미적 관조만이 인간으로 하여금 이 압제적인 영향력을 뛰어넘을 수 있게 한다. 하지만 그럴 수 있는 사람들 역시 소수에 불과하다. 쇼펜하우어는 그 이유에 대해 "자연이 그 규칙적인 리듬에 따라 매일같이 수천 개씩 만들어내는 범속한 인간은 그렇게 완전히 사심 없는 지각에 이를 수 없기 때문"이

---

5. 스피노자는 인식을 3단계로 구분했다. '제1종의 인식'은 표상지, 즉 인간의 감각적 경험에 의한 표상적 인식을 말한다. '제2종의 인식'은 이성지, 즉 개념적 추리적 인식이며 사물에 대한 공통적이고 타당한 관념을 아는 것이다. 그리고 스피노자에게 있어서 최선의 인식은 '제3종의 인식'인 직관지다. 스피노자는 직관지로써 대상의 본질을 완벽하게 파악할 수 있으며 이러한 앎을 통해 지복을 누릴 수 있다고 보았다.

라고 힘주어 말한다. 범속한 인간은 자신의 욕구에 따라 무언가를 결정하고, 그러한 욕구들은 인간에게 공리주의적 사고와 행위를 부추긴다. 따라서 "인간은 자기 생의 의지와 관련되는 한에서만 현실에 주의를 기울일 수 있다". 또한 범속한 인간은 사회가 요구하는 한 어떤 분야(과학, 기술, 정치, 상업 등)에서 지성과 능력을 발휘하고 성과를 낼 수 있다. 하지만 일반적인 삶, 특히 자기 삶의 기층을 파악하는 직관에 대해서는 장님과 다름없다. '더구나' 의지의 편재와 권능을 표현하고 계시하고 드러내는 예술작품에 무감각하게 마련이라는 결점을 지닌다.

대신 인간은 엄청난 권태를 야기하는 여가를 두려워하기에 자기 욕망과 정신의 속물근성을 더욱 강화할 여흥, 오락, 유희에서 새로운 흥분을 찾는다. 만약 범속한 인간이 그의 특징이라 할 수 있는 안목의 결여로 인해 가식조차 없이 뻔뻔하게 미美를 멸시하는 소리를 떠든다면, 이는 그에게 아무런 재능이 없기 때문이다. 재능은 생의 의지의 선천적 혹은 우발적 결핍을 전제한다. 쇼펜하우어는 범속한 인간의 3분의 2는 의지, 3분의 1은 지성으로 이루어져 있다고 명시한다.

반면, 재능 있는 인간은 지성이 3분의 2, 의지가 3분의 1을 차지한다. 이때부터 재능은 인간의 현실표상 능력을 과도하게 발생시키는 당혹스러운 병으로―예술가에게는 물론, 정도는 덜하지만 예술애호가에게도 반드시 필요한 '제4종의 인식'과도 같이―정의된다. 과학은 우리에게 사물의 질서와 결합을 드러냄으로써 이성의 원리라는 작은 쌍안경 너머로 의지를 보여준다. 예술은 회화, 시, 문학, 연극, 그리고 쇼펜하우어가 알았더라면 필시 여기에 추가했을 영화의 걸작을 통해 의지 그 자체를 확대경으로 보여주고, 객관적이고 보편적인 '관념'의 형태로도 보여준다. 그래서 천재적인 예술가는 마치 플라톤의 동굴에서 탈출한 사람과도 같다. 지하 동굴 암벽에 아른대는 대상과 존재의 그림자들은 혼란스럽기 이를 데 없지만 예술가는 지성의 강렬한 빛을 비추어 대상과 존재를 정확하게 정의할 수 있다. 그는 대상들과 존재들 사이에 어떤 인과관계도 상정하지 않지만, 일반적인 특징을 간파해 원형을 세운다. 몰리에르는 『수전노』에서 모든 구두쇠들을 묘사했다. 여자를 사랑하는 모든 남자들은 『동 쥐앙』에 있고, 모든 위선자들은 『타르튀프』에 있다. 라퐁텐의 동물

우화는 세월이 흘러도 풍속은 좀체 변치 않는다는 것을 일 깨워준다. 보스, 고야, 실레는 인간의 잔혹성과 시대의 참상 을 묘사해 삶의 고통을 본질 자체로 우리에게 내보인다. 『보 바리 부인』에서 플로베르는 자기애적 환상의 치명적인 기제 를 낱낱이 뜯어 보였고, 『소송』에서 카프카는 우리를 짓누르 는 국가기구들을 분해했으며, 『소립자』에서 미셸 우엘벡은 사람을 우울하게 만드는 성적 쾌락의 원동력을 보여주었다.

그림을 바라보는 시간, 연극이 상연되는 시간, 시나 소설 을 읽는 시간에 우리는, 의지가 우주와 우리 자신 안에서 만 들어내는 것과 구별되는 명쾌하고 '환희 어린' 인식에 도달 한다. 그런 점에서 모든 위대한 작품은 진리에 대한 스콜라 학자들의 정의, 다시 말해 의식과 현실의 합치라는 정의에 제대로 부응한다. 심미적 경험은 우리에게서 끝없는 몸짓들 을 면해준다. 그 몸짓들은 우리의 욕망이 낳은 것이다. 심미 적 경험은 삶에 점철된 권태와 고통에서 우리를 해방시키고, 최소한 일시적으로나마 환상을 예방해준다. 사유의 작업도 가끔은 우리에게 이 같은 경험을 제공하는데, 쇼펜하우어의 사유가 바로 그렇다. 1883년 1월, 문예지 『질 블라*Gil Blas*』에

「죽은 자의 곁에서_Auprès d'un mort_」라는 단편소설이 실렸다. 여기서 죽은 자란 바로 쇼펜하우어다. 소설은 쇼펜하우어를 숭배하던 두 사람이, 그들이 지키던 시신의 입에서 스승의 냉소적인 미소를 책임지던 틀니가 튀어나오는 바람에 소스라치게 놀란다는 내용을 담고 있다. 모파상은 이 소설에서 쇼펜하우어의 천재성에 대해 다음과 같이 말한다. "우리가 반박하든 언짢아하든, 분개하든 성토하든, 쇼펜하우어는 자신이 느낀 경멸과 환멸을 인류에게 단단히 각인시켰다. 그는 미망에서 깨어난 향락주의자로 신념, 희망, 시, 몽상을 전복시키고 열망을 파괴했으며, 영혼에 대한 믿음을 침해하고 사랑을 죽였으며, 여성에 대한 관념적 숭배를 무너뜨리고 마음의 착각들을 망가뜨렸다. 그리고 지금까지 이룬 것 가운데 가장 거대한 회의懷疑의 작업을 완수했다. 그는 모든 것을 조소로 일축했고 깡그리 비워냈다. 오늘날 그를 혐오하는 이들조차 그의 사상의 파편들을 본의 아니게 마음속에 품고 있다."

특히 음악작품을 감상할 때는 심미적 황홀경이 불러일으키는 지복, 최악 속에 잠시 머무는 기쁨이 더욱 강렬하다. 의지는 일반적으로 현상적 형태로만 나타나지만 예술에서는 의지를 지성으로 파악할 수 있다. 침묵을 들을 수 없듯 우리는 그러한 의지를 감각적으로 파악할 수 없지만 음악을 통해서만큼은 의지의 침묵 자체를 들을 수 있다. 그런 점에서 위대한 작곡가는 지각되지 않는 의지의 음악을 들을 수 있는 섬세한 청력의 소유자다. 그는 그 음악의 '통역자'가 되고, 청중으로 하여금 음악을 듣는 동안만큼은 세상과의 모든 실질적 관계에서 해방되게 하여 개념도 없고 추론도 없는 몽유병과도 같은 명상으로 끌어들인다. 쇼펜하우어는 이를 두고 "정신은 자기가 철학을 하는 것도 모른 채 무의식적인 형이상학 연습을 한다"고 했다.

쇼펜하우어에 겁먹은 독자는 『의지와 표상으로서의 세계』가 기술하는 심미적 경험의 기쁨을 낙관론에 대한 타협, 심지어 아름다움을 통한 구원의 윤리학으로 해석하고자 하는 유혹을 느낄 것이다. 그러나 이는 지복과 일시적 진정을 혼동하는 셈이다. 의지를 작품으로 표현하는 예술가 자신도 그 의지의 관조를 통해 구원받지는 못한다. 왜냐하면 쇼펜하우어가 명시하듯 창작의 시간은 예술가를 아주 잠시 동안만 고통에서 해방시켜주기 때문이다. 예술애호가들도 사정은 마찬가지다. 그들 역시 예술을 관조하면서 잠시 삶이라는 불행에서 벗어나 숨을 돌릴 뿐, 자신의 일로 돌아가기 무섭게 다시 불행 속으로 떨어진다.

그러나 쇼펜하우어를 자살 옹호론자로 보는 것은 정말 어리석고 말도 안 된다. 물론 인간은 의지로 인해 저주받은 시시포스[6]처럼 매일 무거운 인생의 짐을 메고 헛된 환상의 봉우리에 오른다. 더없이 불행한 사람, 혐오와 절망의 막장까지 가본 사람이라면 삶을 끝내고 싶은 마음이 들기도 할 것이다. 하지만 그들이 원하는 그들 자신의 죽음조차 의지의 간계에 불과하다. 죽기를 바라는 것도 어쨌든 바람이다. 쇼펜하우어는 자살을 단죄하진 않지만 자살을 하더라도 자신을 살아가게끔 밀어붙이는 그것까지는 없앨 수 없음을 일깨

---

6. 그리스신화에 나오는 고대 도시 코린토스의 왕. 신들을 기만한 죄로 커다란 바위를 산꼭대기로 밀어올리고 굴러떨어지면 다시 밀어올리기를 끊임없이 반복해야 하는 벌을 받았기에 영원한 형벌을 상징하는 존재가 되었다. 알베르 카뮈는 바위가 굴러떨어질 것을 알면서도 기꺼이 다시 밀어올리는 시시포스에 빗대, 고통스럽고 부조리한 삶을 극복하려는 인간의 의지를 이야기했다.

워준다. 의지는 자기파괴적인 행동에까지 임하며 자살자들에게 자신의 죽음에서조차 주인이 될 수 없다는 궁극의 모욕을 가한다.

5
『전도서』

"

너무 의롭게 살지도 말고,
너무 슬기롭게 살지도 말아라.
왜 스스로를 망치려 하는가?

"

늙은 야곱은 아침마다 늘 그렇듯 주인에게 포도
와 대추야자를 아침거리로 가져다주기 전에 침실의 덧창부
터 열었다. 해가 높이 솟아 주위의 동산이 하얗게 빛났다. 북
풍이 가볍게 부니 한동안 공기가 맑을 터였다. 이 킬로미터
쯤 떨어진 백색과 황토색의 예루살렘이 지척 같았다. 야곱
은 테라스가 열을 너무 많이 받지 않도록 두툼한 밝은색 차
양을 난간 위까지 펼쳤다. 잠자리에서 일어난 젊은 주인이
두 손을 모아 얼굴을 가리고는 햇살이 들어오는 쪽으로 고
개를 돌렸다. 그는 밤새 한숨도 자지 못한 터였다. 또 하룻밤

을 꼬박 새운 것이다. 전날 밤, 그는 파르티아인 구역 술집에서 밤새 술을 퍼마시고 예쁘고 가무잡잡한 어린 창녀와 단둘이 새벽 여명이 비칠 때까지 시간을 보냈다. 주인은 집에 돌아와서도 잠을 청하지 않고 침실 책상 앞에 앉아 집필중인 시에 매달렸다. 그러나 거기에 보탠 것이라고는 고작 이 몇 줄이었다.

……지혜가 많으면 번뇌도 많으니 지식을 늘리는 자는 고통을 보태는 셈이라.
……하여 나는 생각하였다. '그래! 즐겁게 사는 데 힘쓰자! 그러니 쾌락을 맛보자꾸나!' 그 또한 헛되었도다.

"우리 주인님이 또 주무시질 않았군요." 하인은 과일 접시를 침대 머리맡 탁자에 내려놓으며 말했다.
"이보게 야곱, 나는 성가신 햇살이 떠 있는 동안 잘 거라네."
"주인님, 하느님께서는 당신이 창조한 세상이 환히 빛나는 동안 잠자는 자들을 기꺼워하지 않으신다는 걸 알아야 합니다."

"이봐, 랍비처럼 헛소리나 늘어놓을 거라면 그만두게. 하느님이 대다수 사람들에게는 열심히 일하고 전쟁에 임하라고 태양을 주셨지. 그러나 소수의 사람들에게는 철학을 하고 미녀들과 좋은 시간을 보내라고 달을 주셨다네."

"주인님께서 잊으신 게 있네요. 어둠 속에서는 마귀와 도적이 설치는 법이지요."

"그래, 자네 말이 맞네. 그러니까 이제 날 좀 내버려둬. 자네의 하루를 보내게. 아무 일도 하지 않도록 힘쓰게나."

하인이 나가고 젊은 주인은 자리에서 몸을 일으켜 대추야자 몇 개를 깨작깨작 먹었다. '언제부터 잠을 못 잤더라?' 그는 생각했다. '하느님이 나를 세상에 나게 하신 그때부터.' 그는 어린 시절을 떠올렸다. 밤을 무서워했던 형제자매들과 달리, 그는 늘 해가 뉘엿뉘엿 넘어갈 무렵이면, 어둠의 장막이 온 세상을 뒤덮고 인간사의 소음을 묻어버릴 때면 기분이 한결 좋아졌다. 어둠이 깊어지면 그는 가족과 하인들이 모두 잠든 틈을 타서 대저택을 빠져나왔다. 양모 외투를 단단히 차려입고 외양간 지붕 위에 올라가 밤하늘과 어스름하니 달빛이 비추는 풍경을 하염없이 바라보았다. 그는 아직 어렸지만, 하느님이 창조한 세상이 햇살 아래서는 쓸데없이 웅대해 보이는 반면, 어둠 속에서는 본질에 닿아 있는 듯하다고 느꼈다.

이따금 책상 서랍을 뒤지다보면 이 원고가 눈에 띌 때가 있다. 몇 년 전에 『전도서』 저자[1]의 삶을 소설로 쓰기 시작했다가 중간에 그만두었는데, 이게 그 서두다.

장 보테로[2]는 『코헬렛』[3]을 번역하면서, 루크레티우스의 『사물의 본성에 관하여』와 비슷한 시대의 것으로 보이는 만

---

1. 『전도서』의 서두에서 화자가 자신을 다윗의 아들이며 이스라엘의 왕이라고 밝힌 탓에 한동안 솔로몬 왕이 저자로 추정되었으나, 현대 학계에서는 새로운 저서에 유명한 현자의 이름을 붙여 무게를 실었던 당시의 풍습이 적용된 것으로 보고, 예루살렘의 지식인을 진짜 저자로 추정하고 있다.
2. Jean Bottéro(1914~2007). 프랑스의 역사학자로, 고대 서아시아와 성서 연구에 매진했다.
3. Kohelet, Qohéleth. 『전도서』의 원제에 해당하는 히브리어로, 화자가 자신을 '코헬렛'으로 칭한 것이 그대로 제목이 되었다. '모으다'라는 뜻의 히브리어에서 파생된 '코헬렛'은 (지혜 혹은 회중을 모으는) '전도자' '지혜자'로 해석된다.

큼 이 운문작품은 위작이라고 했다. 저자는 아람어 어휘들을 구사하고 있는데, 이 책의 저자라고 주장하는 기원전 10세기경의 솔로몬 왕은 아람어를 몰랐기 때문이다.

아미엘[4]은 모든 풍경을 마음의 상태라고 보았다. 반대로 모든 마음 상태는 어떤 풍경을 보게 한다. 『전도서』의 저자 위(僞)솔로몬은 자신의 어둠으로 세상을 비춘다. 해 아래 만물이 '어두울' 뿐만 아니라 모든 것이 헛되다. 창조는 헛되다. 지극히 미미한 것에서 광대한 것에 이르기까지 창조의 모든 구성 요소들은 잠시 존재할 뿐이면서 그 존재함으로 인해 고통받는다. 이 같은 무의미에 뭔가 의미를 부여하고자 하는 사람들의 유혹이나 시도 또한 헛되다. "바람을 잡으려는"[5] 것처럼 헛된 일이다. 성경을 편찬하는 랍비들은 『전도서』를 신 없는 인간, 죄를 짓고 아무런 신의 가호도 누리지 못한 인

4. Henri-Frédéric Amiel(1821~1881). 프랑스계 스위스인 미학자이자 철학자. 세상과 담을 쌓고 평생 자신만의 세계를 만들었다. 사후에 출간된 『아미엘 일기』로 널리 알려졌다.
5. 『전도서』 1장 14절 "세상에서 벌어지는 온갖 일을 보니 그 모두가 헛되어 바람을 잡으려는 것과 같다"에서 인용한 구절(표준새번역 성경 참조).

간의 '애가哀歌'로 읽을 수 있다고 생각했기에 성경에 집어넣는 것이 좋다고 보았다.

끝없이 이어지는 인간 세대, 언제나 서로 밀어내고 밀려나게 마련인 낮과 밤, 사방팔방으로 몰아치다 잦아들고 그러다 다시 일어나는 바람, 언제나 바다로 흘러들어가지만 바다를 가득 채우지는 못하는 강, 이 모든 것은 다음과 같은 사실을 가리킨다. 아담의 타락 이래로 시간은 고약한 영원, 새로운 것은 아무것도 낳지 못한 채 인간을 불안과 마비 상태에 빠뜨리는 거짓 생성일 뿐이다. 그런데 솔로몬 왕을 가장한 『전도서』의 저자는 불안해하지도 않고 얼이 빠져 꼼짝 못하지도 않는다. 그는 다만 뼛속까지 의심과 권태에 사로잡혀 있을 뿐이다. 상당한 교양의 소유자인 그는 이 당혹스러운 일을 즐거이 여기고 종교적 진리, 철학적 확실성 등을 조소한다. 그가 하느님을 언급하는 것도 어디까지나 그리스 혹은 로마의 저자들이 제우스나 유피테르를 들먹거리듯 자연계나 인간계 속 모든 현실의 우연성을 지칭하는 수사학적 기법일 뿐이다. 그가 이성이 지닌 인식의 힘을 부정하는 이유는 인간이 동물보다 아주 조금 더 지성적인 영혼을 가졌을

뿐, 그 차이는 실로 미미해서 결국 다음과 같이 마지막 종착
지를 따지면 인간에게 아무런 특혜도 없다고 보기 때문이다.

모든 것이 티끌에서 왔으니
모든 것이 티끌로 돌아간다.

모든 것을 이해하고 설명하려 드는 인간은 우스꽝스럽기
까지 하다. 탄생과 죽음, 평화와 전쟁, 번영과 비참, 성공과
실패, 건강과 질병, 사랑과 배신 사이에서 흔들리는 인생은
감각들의 연속일 뿐이다. 어떤 때는 기분좋고 어떤 때는 고
통스러운 그 감각들 속에서 인간은 부조리를 확인하고 그저
체념할 수밖에 없다. 이성에 연연하고 꼬치꼬치 따진들 무슨
소용이 있을까? 신이 가장 선량한 인간들에게는 불행의 시
련을 내리고 부도덕한 자들에게는 자비를 베푸는 것을 이성
은 어떻게 받아들여야 하나? 언제라도 모든 것은 변할 수 있
다. 정의가 불의를 몰아낼 수 있으며, 그러다 불의가 다시 승
기를 잡을 수도 있다. 반복과 교대의 신호하에, 달리 말하자
면 모든 합목적성—'무엇을 위한' 것인가—에서 벗어나 불

가피하게 일어나는 모든 사건들에서 '이유'를 찾는 것만큼 피곤한 일이 있을까. 그런데도 인간들은 사유 행위 자체도 반복 경험에 불과하다는 것을 인정하지 못하고 끊임없이 이유를 묻는다.

내가 처음 『전도서』를 알게 된 때는 대학 시절, 그러니까 스피노자의 『에티카』를 겨우 다 읽고 난 뒤였다. 권태에 찌든 회의론자의 서정적인 문장은 사유와 연장延長에 대한 지루한 기하학적 증명을 내 머릿속에서 몰아내주었다. 그러나 이런 생각은 속으로만 간직했다. 나와 같은 철학과 학생들, 그리고 교수님들에게 『에티카』의 그득그득한 추론이 지겨워 죽을 뻔했다고 고백했다가는 곱게 보일 리 없었다. 신의 역능에서 시작해서 인간의 자유와 지복의 가능성으로 마무리되는 이 5부짜리 저작을 통해 스피노자는 그들에게 엄격한 지성의 우뚝한 봉우리가 되었다. 그들 말로는, 스피노자의 주저 『에티카』가 신의 오성 그 자체를 표현한다고 했다. 나보다 한결 진지한 이 독자들의 찬사로 점철된 판단은 나를 압도했다. 스피노자의 가르침은 둘째 치고, 무엇보다 그의 생애 자체가 호감을 품지 않으면 안 될 것 같은 분위기를 자아냈다. 스피노자는 유대교 사회에서 추방당했고, 광신도에게 두들겨맞고 칼에 찔린 적도 있으며, 암스테르담을 떠나 헤이그에서 고독하고 금욕적인 삶을 살면서 권력가들이 베푸는 권세를 거절했으며, 드 비트 형제 학살 사건[6]에 대해 노골적으로 분개했고, 성경을 역사적으로 과감하게 비판했다. 이 모든 일화들은 스피노자에게 영웅적 후광을 드리워주기에 적합했고, 1970년대 일부 대학생들에게는 기존의 질서에서 떨어져나가고 싶어하는 낭만주의를 불러일으켰다. 그러니 『에티카』가 철학적인 면에서나 문체 면에서나 도저히 삼킬 수 없는 음식 같더라는 말은 목에 칼이 들어와도 할 수 없었다.

지금까지도 목구멍에서 넘어가지 않는 부분은 인간의 구원을 다룬 마지막 5부다. 앞의 1~4부에서 "자신의 정동을

---

6. 네덜란드 공화정을 이끌던 요한 드 비트와 코르넬리스 드 비트 형제가 프랑스와의 전쟁 패배와 권력 다툼의 혼란 속에서 1672년 8월 20일에 군중들에게 무참히 살해당한 사건.

축소하거나 다스릴 수 없는” 인간의 취약함과 무능력을 기술하고 있었기에 내게는 그 마지막 부가 모순적이었다. 스피노자는 반목적론을 암시한다. ‘능산적 자연natura naturans’[7] 속에서 현상들은 발생한다는 그 자체 외에 다른 목적이 없다. 이때 목적인과 작용인 사이에는 아무런 차이가 없다. 태양이 빛과 열을 발산한다고 해서 지구에 빛과 열을 제공하기 위해 태양이 만들어졌다고 말할 순 없다. 실제로 태양이 지구를 밝게 비춰주고 따뜻하게 해준다고 해도 그렇게 말할 수는 없는 것이다. 모든 현상은 자연의 무한한 역능을 나타낼 뿐이요, 자연은 생산이 본질이기 때문에 생산할 뿐이다. 그런데 인간들은 자신들이 만들어낸 것에 목적, 용도 혹은 기능을 부여하는 습관을 지닌 터라 자연현상의 질서와 결합마저 자기들의 상상력, 때로는 충족되고 때로는 어긋나는 욕망, 감정의 프리즘을 통해 바라보려고 한다. 따라서 한 사물

---

7. 중세 이래 범신론적 의미의 신을 가리키는 용어였는데, 스피노자는 자신의 범신론적 자연관에서 자연(신)을 둘로 나눴다. 그것은 ‘산출하는 자연’과 ‘산출되는 자연’으로, 전자가 ‘능산적 자연’(실체)이며 후자가 ‘소산적 자연’(양태)이다.

이 어떤 목적 때문에 존재한다고 생각한다면, 그건 우리의 의향을 자연에 투사한 것일 뿐이다. 인간들이 자기 존재에 대해 생각할 때 이 착각은 더 심해진다. 인간으로 난 것이 단순한 사태에 지나지 않음을 알지 못하고 자신들의 존재 이유가 또다른 이유에 종속되는 양 생각하는 것이다. 이러한 환영 때문에 그들은 자연에도 어떤 의도가 있는 것처럼, 자연이 그들을 '창조'하고 그들에게 '제국 속의 제국'을 남겨두기라도 한 것처럼 생각한다. 그러한 신인동형설[8]은 망상이다.

『에티카』 4부에서 스피노자는 '정서의 힘'을 '예속'으로 싸잡아 부르고, 인간의 삶이란 치유할 수 없는 병들의 '동요'에 불과하다고 말한다. 개인의 욕망은 그 성격상 다른 개인들의 욕망, 다른 외부 현상들이 미치는 작용에 의해 제한된다. 그렇게 사람은 저마다 충격을 견디고 상처를 닦아낸다. 이건 어쩔 수 없는 일이다. '양태'란 본디 수없이 많은 다른 양태들을 지배하는 관계의 질서에 복종하므로, 인간은 기쁨보다 '서글픈 감정'을 더 자주 느낀다. 그런데 고통과 시련을

---

8. 신(여기서는 신적 자연)에게 인간적 본질이나 속성이 있다는 견해.

견뎌내는 것이 삶이라면, 도대체 무슨 기적이나 자연의 예외가 있어 『에티카』 5부에서 주장하듯 인간이 지복에 도달할 수 있단 말인가? 사실 구원 가능성이라는 발상은 일종의 개념적 눈속임이라고 본다. 스피노자는 그 눈속임을 이용해 '존재'를 '당위적 존재'로 바꾼다. 자신의 인간론에 스리슬쩍 목적론을 끼워넣는 수법이다. 만약 인간의 본질이 욕망이라면, 욕망과 자연의 합치가 더없는 행복이라면, 인간 존재의 목적은 바로 그 더없는 행복이 되겠다. (정동에 따라 자기 자신에 대해 생각하는 무지한 자들처럼) 그 합치를 부적절하게 꾀하지 않고 (학식 있는 스피노자가 자신의 이성에 따라 만들어낸 생각대로) 적절하게 여기기만 하면 된다.

언젠가 사라질 속된 것—돈, 명예, 쾌락—의 소유를 행복으로 여기는 인간들에게는 심히 합당치 못한 일을 당할 위험이 있다. 더 힘있는 자들이 언제라도 그들의 소유권을 빼앗을 수 있고, 그들이 보는 앞에서 훨씬 더 많은 소유를 누리며 희희낙락할 수도 있기 때문이다. 그들은 박탈감이라는 쓰라린 감정에 사로잡힐 뿐만 아니라 시기, 질투, 증오 따위의 더욱더 서글픈 감정까지 맛보며 평온한 나날을 잃어버릴 것이다. 그래서 스피노자는 쉽게 충족될 수 있으며 적의를 크게 불러일으키지 않지만 지고의 행복을 가져다주지도 않는 적당한 욕구들에 자신을 한정하는데, 이런 점은 에피쿠로스와도 일맥상통하는 데가 있다. 그런데 욕구의 절제에는 늘 무언가 불충분하다는 필요조건이 따른다. '코나투스conatus'[9]의 진정한 '원동력'이 '신에 대한 지적 사랑'일 수밖에 없는 이유가 바로 여기에 있다.

내게는 '지적 사랑'이라는 이 개념이 증오의 이유 개념만큼이나 모호해 보였다. 스피노자주의자는 내가 이 사랑의 대상, 즉 신을 배제하고 있다고 반박할 것이다. 그리고 아마도 대략 다음과 같은 주장들을 펼칠 것이다. 스피노자의 '신에 대한 지적 사랑'이라는 표현은 인격적 신에 대한 헌신을 말하지 않으며—그건 나도 진즉 이해했다—자연의 본질을 직

---

9. 스피노자는 인간과 모든 사물에는 자기 존재를 보존하려는 경향이 있다고 말하면서 그 힘을 '코나투스'라고 불렀고, 자기 보존 욕망이 실현되면 기쁨을 느끼며, 방해받으면 슬픔을 느낀다고 했다. 또한 인간이 느낄 수 있는 최고의 기쁨은 인식의 최고 단계인 신에 대한 인식을 통해서 일어나며, 기쁨을 느낀 인간은 '신에 대한 지적 사랑'으로 나아간다고 보았다.

관적 객관적으로 파악함으로써 영혼이 정념에서 벗어나게 되는 것을 뜻한다고. 무지의 슬픔에서 앎의 기쁨으로 넘어간 우리는 신의 오성이나―결국 같은 얘기지만―자연의 합리성이 지닌 역량을 나눠 갖게 될 거라고. 요컨대, 신에 대한 지적 사랑은 자연과학을 즐거이 터득함으로써 발견의 순간마다 우리 영혼이 '유레카!'를 외치게 되는 경지라고. 음, 소박한 만족을 자랑한다면서 표현은 참 거창하기도 하다. 우리가 고통 속에서 생각을 바꿀 수 있다든가, 수학 혹은 물리학 연구에 기쁘게 몰두하고 중간중간 거미 싸움을 붙이면서 기분 전환을 한다고 치자. 하지만 그걸로 우리의 정서를 제한하거나 다스리고 지복에 도달할 수 있다니……

사람은 지혜로울수록 번뇌가 줄어들고 완전한 존재가 된다는 원칙은 스피노자의 개인사와 관련지어 보건대 아무래도 거짓 같다. 어느 한 분야에서 대단한 지식을 쌓은 사람이라도 인생에 대해서는 아무것도 모르고 속수무책일 수 있다. 인간이 배우는 본질적인 것은 전부 불행의 경험에서 온다. 몸소 불행을 겪을 수도 있고, 남의 불행을 지켜볼 수도 있다. 하지만 그 앎은 어떤 식으로도 인간을 구원하지 못한다.

1656년, 스물네 살의 스피노자는 유대교 사회에서 추방당했고, 그후 신에게 버림받은 자처럼 살아야 했다. 그는 이미 어린 시절에 우리엘 아코스타[10]가 탈무드에 어긋나는 견해를 표명했다는 이유로 채찍질당하는 장면을 목격한 바 있는데, 훗날 자기 자신도 동포들에게 그 같은 폭력을 당하게 된다. 우리엘 아코스타는 극도의 모욕을 당하고 결국 권총으로 자살했다. 스피노자는 이 사건에 대해 아무런 글도 쓰지 않았다. 그는 『정치학논고』에서 과학적 중립성을 염두에 두고 "인간들의 행위를 비웃거나 한탄하거나 증오하지 않고 다만 이해하고자 노력하는" 데 힘쓰겠다고 미리 말해둔다. 스피노자 주석가들과 숭배자들은 여기에서 관대한 지혜의 표식을 본다. 날것 그대로의 원한은 훌륭한 이론이나 빼어난 문체의 영감이 되지 못하겠지만 스피노자가 생각하는 이성도 더 나을 것은 없다고 나는 본다.

---

10. Uriel Acosta(1585~1640). 포르투갈 태생의 철학자. 암스테르담의 포르투갈 유대인 공동체에서 활동했으나 영혼과 계율의 불멸성을 부인하고 자연법을 인정했다는 이유로 파문, 추방 및 공개 처벌 등을 당했으며, 자살로 생을 마감했다.

1664년에 라로슈푸코의 『잠언과 성찰』[11]이 네덜란드에서 출간되었다. 스피노자는 『에티카』 3부와 4부에서 각 정념의 '속성'을 마치 '선, 면, 입체'처럼 체계적으로 보여주고자 힘쓰기 전에 라로슈푸코의 책을 참조했을까? 그러지 않았다면, 신랄하면서도 정제된 흑담즙[12]을 잉크 삼아 쓴 그 인간 보고서를 읽으면서 최소한 미망에서 깨어나는 기쁨이라도 얻지 않았을까 싶다. 늙은 프롱드 당원 라로슈푸코의 빈정거림과 철학자 스피노자의 추론을 비교하면서 섬세의 정신과 기하학의 정신[13]을 구분한 파스칼의 정확한 통찰력을 떠올리지 않을 수 있을까. 섬세의 정신은 덕의 가면을 쓴 악을

---

11. La Rochefoucauld(1613~1680)는 귀족 가문 출신의 정치가로, 부르봉 절대왕권에 대한 귀족 세력의 저항인 프롱드의 난에 개입했고, 전쟁에 참가했다가 중상을 입고 실명한다. 그후 집필 활동에 전념해 인간 심리에 대한 염세적인 글을 썼다. 그는 『잠언과 성찰』에서 "우리의 미덕이란 대부분의 경우 가면을 쓴 악덕에 불과하다"고 말한다.
12. 그리스의 자연철학을 바탕으로 한 4체액설은 인체가 네 가지 체액(혈액, 점액, 황담즙, 흑담즙)으로 이뤄져 있으며 이것이 사람의 체질과 기질을 결정한다고 보았다. 그중 흑담즙이 많은 사람이 특히 우울한 기질을 갖는다고 생각했다. 그리스어 '멜란melan'('검다'를 뜻한다)과 '콜레chole'('담즙'을 뜻한다)의 합성어인 '멜란콜리아melancholia'('흑담즙'을 뜻한다)는, 우울한 감정을 뜻하는 프랑스어 '멜랑콜리melancolie'의 어원이다.

폭로하기에 참으로 '적합'하고, 기하학의 정신은 인간 심리를 체계적으로 규명할 것처럼 굴면서 사실은 뒤죽박죽으로 만드는 데 선수다. 장프랑수아 르벨은 『에티카』의 '기하학적 방법'에 대해 "이 겉포장 속을 들여다보면 요리학 이론을 형법전의 형태로 제시하는 수작만큼이나 필연성이 없다"고 했다. "그러한 저작이 맛있는 음식을 만드는 데도 도움이 안 되고 정의를 실현하는 데도 도움이 안 된다면 참 저어할 일이기" 때문이다.

무엇보다 스피노자는 정의, 명제, 보조정리, 증명, 파생명제, 그 밖의 비고 사항들에 스스로 입각해 정서의 유형학을 전개하려 했기 때문에 본의 아니게 사랑을 드높이는 데 실패하고 원한에 윤리적 적법성을 부여하고 말았다. 그의 말대로라면 '슬픈 정념'은 우리 안에서 '덜 완전한 상태로의 이행'을 작동시킨다. 아마도 스피노자는 슬픔이 기쁨과 달리 우리의 정신적 신체적 활기를 그만큼 떨어뜨린다는 뜻으로

---

13. 파스칼은 『팡세』에서 확실한 원리에 기초해 추론하는 이성적 기능을 기하학의 정신으로, 미묘하고 일상적인 여러 사항을 빠르게 이해하고 판단하는 직관적 기능을 섬세의 정신으로 구분한 바 있다.

이 표현을 쓴 것 같다. 그는 "미움은 외적 원인에 대한 생각이 수반하는 슬픔"이자 "타인의 행복을 몹시도 슬퍼하는 자의 시기심"이며 따라서 "인간은 자신이 미워하는 것이 망가진다면 즐거워할 것"이라고도 했다. 이걸 해석하고 추론해보자면 이렇다. 우리에게 잘못한 자를 미워한다면, 혹은 어떤 이가 누리는 혜택을 우리는 누리지 못해 불만스럽고 그가 밉다면, 그에게 보복하든가 지금까지 부러워했던 혜택을 우리도 누림으로써 기쁨을 얻을 수 있다. 그리고 기쁨을 얻었으니 우리는 더 완전한 상태로 이행할 수 있을 것이다. 그렇다면 우리에게 잘못을 저지른 이에게 복수를 하거나 무슨 수를 써서라도 부를 축적해도 좋다는 뜻인가?

현실에서 보면 증오나 시기심은 우리를 수동적으로—덜 완전한 상태로 옮겨가게끔—만들지 않는다. 증오는 남을 망가뜨리고 싶어하는 욕망이고, 시기심은 우리가 빼앗겼다고 생각하는 것을 되찾고 싶어하는 욕망이다. 이 욕망들이 그같은 힘을 펼쳐 지성마저 자기들의 작용에 종속시킨다. 물론 스피노자는 사랑의 길, 즉 '외부 원인에 대한 관념이 일으키는 기쁨'의 길이, 원수나 라이벌이 우리에게 불러일으킨 슬품을 '뿌리 뽑기' 위한 폭력과 정욕의 길보다 훨씬 낫다고 본다. 우리가 그들을 친구나 한편으로 대하는 데 익숙해지기만 한다면 그들도 우리의 호의를 보고 더는 우리에게 분을 품지 않을 것이라고 스피노자는 말한다. 원칙은—당위적 존재를 호소한다는 점에서—좋으나, 이것은 정념들의 기계적인 상호작용이 얼마나 가차없는지 망각한 주장이다. 미움과 시기는 다시 미움과 시기를 자극한다. 그러한 상호성 때문에 필연적으로 악감정은 점점 불어날 수밖에 없다. 동족들이 우리에게 가하는 침해를 위로하기 위해 임의로 선언된 사랑보다는 공격적 정념들이 훨씬 더 강렬한 에너지를 불러일으킨다. 우리 삶을 망치지 않는 데서 얻는 기쁨으로 활성화되는 에너지보다 그 반대가 더 크다. 어떤 이들에게 미움과 시기는 가공할 파괴력을 불러오고, 그 파괴력은 복수의 동기조차 잊게 할 만큼 짜릿하고 행복한 분노를 낳는다. 암스테르담에서 마하마드Mahamad, 즉 유대인 회의를 절대 권위로 삼는 이들이 스피노자와 그의 친구 후안 데 프라도Juan de Prado[14]에게 차례로 파문을 선언하고 기뻐 날뛰었던 일을 보라. 그들은 이 두 사람에게 더없이 가증스러운 짓을 자행했다. 그 짓거리들을 굳이 자세히 다루진 않겠으나, 본질적으로 누군가를 초주검으로 만들어놓고 만족을 얻는 행위였다.

"자유로운 인간은 죽음에 대해서 조금도 생각하지 않으며, 그의 지혜는 죽음이 아니라 삶에 대한 성찰이다." 스피노자의 이 명제는 지금도 처음 읽었을 때와 똑같은 감정을 불러일으킨다. 스피노자는 허세를 떤다. 철학자가 자유로운 인간은 죽음에 무심하다고, 자기 자신의 죽음과 가까운 이들의 죽음에 그럴 수 있다고 생각했다니 좀 안됐다는 마음마저 든다. 그는 자신이 고안한 체계의 정합성을 위하여 나로선 도무지 이해할 수 없는 영혼불멸을 내세우기까지 한다. 스피노자는 정념을 다스릴 수 있다는 이성과 의지의 허깨비 같은 힘을 합리적 욕망이라는 개념으로 복권시켰다. 그는 신에 대한 지적 사랑을 믿음으로써 종교가 영성과 구원의 이상을 독점하지 못하게 하고자 했다. 또한 죽음을 부정함으로써 실

---

14. 17세기 중반에 활동한 스페인계 유대인 의사이자 자유사상가. 유대교 박해를 피해 암스테르담으로 이주했으나 영혼불멸과 신의 본성에 대한 비정통적인 견해 때문에 유대교 공동체에서 파문당했다.

존의 비극적인 감정을 몰아내고자 했다. 그는 너무나도 진지하게 "무지한 자는 (…) 괴로움에 시달리지 않게 되자마자 더는 존재하지 않는" 반면에 "지혜로운 자는 (…) 결코 존재하지 않는 법 없이 진정한 만족을 얻는다"고 기술함으로써 착각의 피난처를 하나 더 제공했다. 내가 스피노자주의자를 만났다 싶을 때마다 항상 『전도서』의 이 대목을 잘 생각해보라고 권하는 이유가 바로 여기에 있다.

지혜로운 자는 제 앞이 보이나
어리석은 자는 어둠 속을 걷는다!
하지만 그래봤자 둘 다 같은 운명에 빠진다는 것을 나는 알았다.
그리고 나 자신에게 말하였다. "어리석은 사람과 같은 운명에 빠진다면 뭘 바라고 지혜를 얻으려 했던가?" 이런저런 생각 끝에 이 또한 헛된 일임을 깨달았다. 지혜로운 사람도 어리석은 사람과 마찬가지로 사람들의 기억에서 영원히 사라져버린다. 며칠만 지나도 양쪽 모두 이미 잊히고 만다.

6
미셸 드 몽테뉴

"
우리 생애의 목적은
죽음이다.

"

몽테뉴는 1592년 9월 13일에 자신의 성에서 쉰아홉 살을 일기로 사망했다. 그럴 만한 때였다. 신장병을 앓으면서 건강을 잃고 마음에서 기쁨을 잃은 지 이미 오래였으니까. 그는 신장통, 통풍 발작, 우울증의 엄습으로 몹시 고생했고, 그 때문에 삶의 덧없는 기쁨들조차 누릴 수 없었다. 그를 숭배하던 마리 드 구르네[1]가 제공할 수 있었을 '연애놀

---

1. Marie de Gournay(1565~1645). 작가로 활동하는 동시에 몽테뉴의 편집자 역할을 했다. 몽테뉴의 절친한 벗이자 수양딸과도 같은 존재였다고 한다.

음'조차도 기쁘게 누리지 못했으리라.

몽테뉴는 평생을 참혹한 인간사의 직접적인 증인으로서 살았다. 보르도 거리를 부르주아 반란파의 피로 물들였던 왕실의 진압, 가톨릭교도와 프로테스탄트교도를 사로잡았던 살의의 광기, 그리고 절친했던 에티엔 드 라보에티[2]를 앗아간 페스트의 창궐까지, 그는 이 모든 것을 지켜보았다. 그러나 몽테뉴는 인간의 노쇠야말로 가장 음험하고 가증스러운 유린이라고 생각했다. 노쇠는 결코 무장을 풀지 않는 적군, 워낙 은근히 공격해오기에 그 파괴의 참상을 뒤늦게야 깨닫게 하는 적군이다.

생은 전염병이다. 세월에 의해 허무에 감염되는 것이 생이다. 자살이나 사고로 단축된다면 모를까, 일단 체결된 생은 심신의 진을 다 뺄 때까지 끈질기게 이어진다. 마흔 살의 몽테뉴는 신체적 노쇠가 정신적 노쇠보다 먼저 올까 두려워

---

2. Étienne de La Boétie(1530~1563). 프랑스의 판사이자 작가. 몽테뉴와 함께 보르도 지방의회 의원을 지냈고 친구로서 몽테뉴에게 큰 영감을 주었다. 인민의 자유와 권리에 관해 쓴 그의 대표작 『자발적 복종』은 이후 프랑스 지식인 사회에 큰 영향을 끼쳤다.

했다. 너무 늙어버린 자신의 몸뚱이가 낯설기도 하고 수치스럽기도 할 그날은 오고야 말 터였다. 이는 마치 노부부 중 조금 덜 늙은 쪽이 본의 아니게 아주 약간의 혐오감을 느끼며 배우자의 돌이킬 수 없는 쇠락을 지켜보는 상황과도 같다. 두려움은 들어맞고 말았다. 몽테뉴는 죽기 얼마 전에 이렇게 기록했다. "나는 스물다섯 살의 내 모습과 서른다섯 살의 내 모습을 남긴 초상화를 가지고 있다. 그 초상화들을 지금 내 모습과 비교해본다. 그림 속 인물들이 얼마나 나와 딴판인지! 지금 내 모습이 초상화 속의 모습과 얼마나 동떨어져 있는지! 차라리 죽음의 이미지와 더 가깝다!"

몽테뉴는 몇몇 온천 도시에서 통증 완화 치료를 받은 것을 제외하면 약물요법을 하찮게 여겼고, 이런저런 설교를 늘어놓는 현학자들을 불길한 사기꾼으로 생각했다. 그는 노쇠의 불행을 그토록 비관적으로 보았던 것과 달리 죽음을 자신의 몸속에서 "지각되지 않고 자연스럽게 흐르는 것"으로 정의했고, 죽음에 대해서는 죽음 그 자체 말고 아무런 대책이 없다고 보았다. 의사들이 그의 신체가 망가지는 과정을 늦출 수 없었듯, 철학자들의 글도 신체장애에 대한 그의 불안을 가라앉히지 못했다. 간헐적으로나마 맛볼 수 있었던 유일한 평온은 신체기관의 무기력증에서 왔다. "우리는 우리의 기분장애, 즉 현존하는 사물들에 대한 혐오를 지혜라 부른다." 그런 와중에도 영원히 잃어버린 '환희의' 추억들이 자꾸만 떠올라 그를 괴롭게 했다.

하지만 생이 그에게 쾌快보다 불쾌를 더 많이 남겨둔 탓에, 몽테뉴는 체념하고 끝이 머지않았다고 생각하고자 힘썼다. 예전에도, 심지어 '노쇠의 변두리'에서 멀찌감치 떨어져 있던 시절에도 몽테뉴가 최후의 순간을 생각지 않은 날은 하루도 없었다. 그렇게 쉰 살이 되자 '그 중대한 날'에 대한 '사전 숙고'가 삶의 매 순간의 명상이 되기에 이르렀다. 몽테뉴는 이제 죽음 그 자체가 아니라 '죽어감'에 대해서 생각했다. 그는 소크라테스, 소小카토[3], 페트로니우스[4]처럼 스스로

---

3. Marcus Porcius Cato Uticensis(기원전 95~기원전 46). 고대 로마 공화정 말기의 정치가. 원로원이 주도하는 공화정의 전통을 유지하고자 노력했으나 실패로 돌아가자 스스로 목숨을 끊었다.
4. Pertronius Arbiter(?~66). 악한을 주인공으로 한 악한소설惡漢小說의 원형으로 꼽히는 작품 『사티리콘Satyricon』을 쓴 고대 로마의 문인이다. 네로 황제의 총애를 받았으나 황제의 관심에서 멀어지자 자결했다.

죽음을 앞당긴 위대한 인물들에 대한 고대 문헌을 즐겨 읽었지만 자신도 같은 방식으로 삶에서 '물러날' 마음은 들지 않았다. 물론 모든 죽음을 통틀어 '가장 자발적인' 죽음은 그에게도 더없이 아름답고 의연해 보였다. 그러나 자살을 신성하게 떠받드는 것은 몽테뉴의 생각과는 거리가 멀었다. 그건 다른 사람들에 대해서나 인정할 수 있는 '합리적인 퇴장'이었다. 그랬기 때문에 본인의 죽음에 관한 한 몽테뉴는 그냥 자신을 자연에 맡겼다. 그저 나이가 들고 활력이 떨어지면서 자연스럽게 일어나는 '불행한 존재에서 무존재로의' 마지막 이행을 냉정하게 바랄 수 있으면 좋겠다고 생각했다. 혹은 기력이 떨어져가는 동안 급작스럽게 죽음을 맞게 되면 더욱더 좋겠다고 생각했다. 따라서 몽테뉴는 철학을 통해 죽는 법을 배운 게 아니라, 죽음에 다가감으로써 철학하는 법을 배웠다고 해야겠다. 그건 참 보잘것없는 위안이었다. 하지만 자연은 그에게 완만한 자연사 혹은 급사를 허락하지 않았다. 대신 그의 품위를 바닥까지 떨어뜨리는 단말마적 고통이 기다리고 있었다. 그는 편도선 주위의 봉와직염 때문에 성대를 일부 절제해야 했는데 그게 패혈증이 되고 말았다. 그래서 몽테뉴의 생애 마지막 사흘은 끝나지 않는 고문 같았다. 목구멍을 가득 채운 고통은 거칠고 격렬한 신음이 되어 터져나왔다. 열에 들뜬 그의 몸뚱이가 요란하게 뒤틀렸고, 그 모습을 가족, 이웃, 그리고 밥맛 달아나는 구경거리를 놓칠세라 서둘러 달려온 아첨꾼의 무리가 다 지켜봤다. 몽테뉴는 이런 운명을 예감하기라도 한 듯 죽는 순간에는 혼자이거나 집에서 멀리 떨어진 곳에 있었으면 좋겠다고, 아무튼 통곡하는 여자들, 거짓으로 한탄하는 자들, 호기심 많은 이들에게 둘러싸여 죽고 싶진 않다고 언젠가 글을 쓴 바 있다. 가장 좋은 죽음은 그 순간에 진정한 벗 한 사람이 곁에 있어주는 것이다. 왜냐하면 "우리가 세상에 태어나는 데 산파sage-femme 가 필요했다면 이 세상에서 퇴장하는 데는 그보다 더 지혜로운 사람homme encore plus sage이 필요하기 때문"이다. 하지만 몽테뉴는 알고 있었다. 모든 인간에게 생의 마지막 국면은 관객이 있든 없든 "단 한 명의 인물이 연기하는 무대"라는 사실을.

철학자들은 실제로 존재했는가? 나는 몇몇 철학자들의 저작을 읽으면서 그러한 의문에 사로잡히곤 했다. 가령 플라톤, 스피노자, 칸트의 실존 여부가 엄밀히 말해 『국가』『에티카』『순수이성비판』으로 입증되지는 않는다. 이 세 사람이 저마다 철학의 주요 저작으로 꼽히는 책을 한 권씩 썼다는 사실은 그들의 책을 읽고 알게 된 게 아니다. 역사학자들이 여러 인물들의 증언과 다양한 자료를 분석하고 검증해 제대로 정리한 덕분이다. 그 철학자들이 정말로 존재했었고 그들이 살아가는 동안 어떤 작품을 실제로 집필했다는 어렴풋한 믿음은 책의 맨 뒤에 있는 저자 약력 덕분이다. 저자의 약력을 접함으로써 그들이 어느 시대에 태어나 어떠어떠한 책을 쓰고 언제 죽었다는 것을, 그렇게 별다른 사연 없이 역사에 이름을 남겼다는 것을 안다. 결국 나는 그들이 실존했음을 인정하지만 그들의 경험적 삶에 대해서는 여전히 의문을 품게 된다.

　루트비히 비트겐슈타인은 『논리철학논고』의 원고를 편집자에게 보내면서 첨부한 편지 한 통에 이렇게 썼다. 편집자가 읽게 될 원고는 자신의 철학을 피상적으로 보여줄 뿐, 정말로 중요한 것은 또다른 책, 즉 자기가 쓰지 않은 책이며, 그 책은 일반적인 생이 아니라 비트겐슈타인 자신의 생을 다룰 것이라고. 비트겐슈타인은 생이 한 인간에게 일어나는 모든 것이므로 인간에게는 생이 철학적 주제라는 이름에 합당한 유일한 주제가 된다고 보았다. 그렇지만 생을 고찰하는 데 이용되는 모든 단어들이 정확해야 한다는 조건은 따라붙는다. 같은 시대를 살았던 호세 오르테가 이 가세트[5]도 형이상학을 정의하면서 비슷한 얘기를 한다. "생은 각자의 생이다. 그래서 생에 대해 진지하게 철학을 하고자 한다면 속에서부터, 유일무이한 자기 내면에서부터, 자기 자신을 논한다는 조건으로 철학해야 한다." 비트겐슈타인과 오르테가는 철학에 관심을 가질 때 마땅히 제기되어야 할 두 가지 문제를 강조한다. 철학자의 생애는 그의 저작에서 어떤 위치를 차지해야 하고, 철학자의 저작은 그의 삶에서 어떤 위치를 차지해야 하는가?

나는 대학에서 철학을 배우면서 소크라테스가 감방에서

---

5. José Ortega y Gasset(1883~1955). 스페인의 지적 전통과 근대 유럽 철학을 접목해 새로운 사상적 지평을 열었고, 스페인의 인문학 연구 수준을 끌어올린 철학자로 평가받는다. 문화평론 분야에서 활약했으며, 『대중의 반역』 『사랑에 관한 연구』 등을 썼다.

벗들에게 둘러싸여 독배를 들이켰던 그날 그 자리에 플라톤은 없었다든지, 스피노자가 거미 싸움 붙이기에 환장했다든지, 칸트가 혼자 밥 먹는 걸 아주 싫어했다든지 하는 자질구레한 얘기를 주워들었다. 내가 이 세 철학자의 저작에서 직접 그러한 일화들을 찾을 수 있었다면 더 좋았을 것이다. 하지만 그들에게는—또한 그들의 뒤를 이어받을 강단 철학자들에게도—그런 소소한 사연이 철학사에 끼어들면 안 된다는 편견이 강하게 뿌리내려 있었다. 수많은 철학자들이 신화라면 그렇게 좋아하면서도, 개인적 일화는 저작의 본질을 건드려서는 안 되는 것처럼, 거기엔 그저 대중의 무분별한 호기심을 충족시키려는 목적밖에 없는 것처럼 생각한다. 그들은 문지기의 호기심과 학자의 호기심을 혼동하면 안 된다고, 전자는 관음증에 속하지만 후자는 고결한 지적 흥미에 따른 것이라고 말한다. 하지만 철학자의 저작과 생애란 결국 일화적인 사실들의 뒤얽힘이 아닌가? 학자의 호기심과 문지기의 호기심을 실질적으로 구분하는 차이가 도대체 뭔가? 어쨌거나 내게는 그 두 호기심이 하나일 뿐이다. 나는 나아가 이렇게 주장하고 싶다. 철학도가 어느 한 철학자에게 던져야 할 최초의 시선은 아침 일찍 주인의 침실에 들어가 속옷 차림으로 잠들어 있는 주인을 바라보는 하인의 시선이다. 사실은 플라톤이 소크라테스에게 멸시를 당했기 때문에 스승이 독배를 마시는 자리에 가지 않았던 거라면? 스피노자가 지긋지긋한 '기하학적 방법'의 추론들에서 벗어나 기분 전환을 하느라 변태적인 벌레 싸움에 빠졌던 거라면? 칸트가 '나는 생각한다'와 씨름하기보다 누군가와 '사사로운' 즐거움을 누리고 싶어 매일 저녁 하인에게 손님을 모셔오게 했던 거라면? 순전히 이론적인 저작은 '살아 있는' 철학을 제공하지 못한다. 오르테가 이 가세트의 표현에 따르면 철학이 살아 숨쉬기 위해서는 저자의 '생의 정황'까지 드러나야 한다. 하나의 철학이 어떤 상황에서 태어나고 전개되었는지 알아야 한다는 얘기다. 철학자와 관련된 일화들을 수집하면 할수록 그 인물에 대해 잘 알게 된다. 때문에 철학도 시절에 철학자의 생애를 상세하게 다룬 평전들, 이왕이면 회고록, 일기, 고백록 형식의 자전적 작품들을 탐독함으로써 철학자에게 접근하거나 그의 철학적 작업에 대한 앎을 보충하지 못한 것이 후회된다. 하지만 또 그렇기 때문에 고대 철학에 한해서는 디오게네스 라에르티오스[6]의 『저명한 철학자들의 생애와 사상』을 읽을 수 있어서 행복했다. 이 책은 철학자들의 실제 삶 속 일화들을 '통해서' 관념의 세계를 꿰뚫어볼 수 있는 매우 귀중한 저작이다.

몽테뉴의 침대 머리맡에 바로 이 책이 놓여 있었다는 사실을 알고 나는 꽤 흡족했다. 몽테뉴는 실제로 이렇게 썼다. "나는 세상의 위대한 스승들의 다양한 교의와 기발한 발상 못지않게 그네들의 삶과 운명에 대해서도 호기심을 품을 만하다고 여긴다." 몽테뉴에겐 그들의 모든 것이 경의와 존경을 바칠 이유가 되었다. 어느 철학자가 거대하고 웅장한 세계관을 보여준 인물이라고 해서 그를 쌍안경으로 세세하게 뜯어 보지 말란 법은 없다. 몽테뉴는 물론 관념들을 좋아했다. 하지만 무엇보다 관념들을 자신에게 전해주는 목소리를 좋아했고, 그 목소리의 어조와 음색을 음미했다. 어떤 철학 책이 당혹감을 주었어도 그 책을 쓴 저자에 대해 알아보고

---

6. 3세기 전반에 활동한 그리스철학사가. 그의 저작 『저명한 철학자들의 생애와 사상』의 한국어판은 『그리스철학자열전』이라는 제목으로 발행되었다.

나서는 그 사람에 대해 좋게 말할 수 있었다. 영화 〈노래가 아니라 가수The singer not the song〉에서 더크 보가드가 연기했던 인물은 예수 그리스도와 복음서가 전하는 가르침을 이렇게 빗대어 말한다. "가수는 좋지만 노래는 별로라고 할까."

몽테뉴는 종종 혈기 어린 분노와 인간 혐오증이 도지곤 해서 그렇지, 성질이 까다로운 사람은 아니었던 것 같다. 하지만 그가 귀찮은 인간들을 얼마나 질색하는지 고백했던 바를 감안하건대, 내가 그와 비슷한 '영혼의 경작'[7] 취향을 공유하고 있는 것 같아서 기쁘다. 우리 두 사람 모두 웬만큼 고독을 확보한 가운데, 자신이 좋아하는 작가들을 꾸준하면서도 과감하게, 그리고 반복적으로 읽는 취미를 가졌다고 생각한다. 몽테뉴는 자신의 성탑에 '서재'를 차려놓고 거기에 처박혀 책을 읽었다. 그 서재는 사 년간 그에게 '흔적을 남긴' 에티엔 드 라보에티와의 우정을 기리는 곳이기도 했다.

솔직히 나는 몽테뉴가 라보에티와 유지한 고대 방식의 우

---

7. 키케로는 영혼의 경작을 뜻하는 '쿨투라 아니미Cultura Animi'를 말하며 사유는 곧 인간의 정신과 영혼을 경작하는 일이라고 했다.

정에 대해 기술하는 대목은 늘 납득하기 어려웠다. 내가 볼 때 "그가 그였고, 내가 나였기 때문"이라는 표현은 두 사람 사이에 충분한 오해가 있었기에 서로 호감을 자극하고 유지할 수 있었다는 뜻일 뿐, 그 이상도 그 이하도 아니다. 두 영혼이 빈틈없이 잘 들어맞아 일체를 이루었다고 생각하면 되레 당혹스럽다. 동족상잔의 전쟁 속에서 화합에 목말라 있던 두 사람이 공유한 감정의 허상을 정당화하려니 과장된 표현들도 많다. 그렇지만 나는 1558년 보르도 고등법원에서 서로 소개를 하는 순간 그 자리에서 '교감'이 이루어졌다는 몽테뉴의 말을 믿는다. 에티엔은 미셸의 섬세함을 높이 평가했고, 미셸은 에티엔이 고작 열여덟 살에 『자발적 복종』을 썼다는 사실에 존경심을 품고 있었다. 몽테뉴는 세 살 연상인 이 인물과 어울리면서 자기보다 우월한 상대의 정신적 수준에—그러한 판단은 잘못된 것이었지만—맞춰야 한다는 의무감을 느꼈던 듯하다. 그들의 '협의'는 힘겹게 이루어졌다. "물어뜯고 할퀴며 만족을 느끼는 사랑처럼, 엄격하고도 신랄한 교제를 뽐내는 우정이 나는 좋다." 다른 한편으로, 라보에티는 스토아철학에 정통했고 몽테뉴 역시 피론[8]의 영향을 받아 스토아철학에 조예가 깊었다. 그러니 두 사람의 만남이 얼마나 강렬했을지 짐작이 간다. 게다가 몽테뉴는 '멋을 아는 신사들끼리'라는 조건에 한해 과장된 미사여구들을 얼마든지 허용한다. 그런 점을 감안하면 그들의 관계에 대해서 섣불리 판단을 내릴 수 없다.

몽테뉴가 젊은 여자들과의 관계를 마뜩잖게 여겼다고 생각해선 안 된다. 그는 여성들의 '신체적 아름다움'을 높이 샀고 여인들이 그 아름다움을 내주면 결코 마다치 않았다. 하지만 그는 여성들을 '정신의 아름다움' 때문에도 찾았으며, 르네상스의 인간답게 여성들의 정신이 고양된 것을 문명의 미덕이라고 보았다. 물론 몽테뉴도 수다만 늘어놓는 여인들, 혹은 '한쪽 엉덩이로만 지내는'[9] 여인들을 안다. 하지만 그는 여인들 대부분이 '아름답고 정직하다고' 본다. 몽테뉴가 볼

---

8. Pyrrhōn. 기원전 3세기경에 활동했던 고대 그리스의 철학자로, 사물의 본성을 인간이 인식하고 판단할 수는 없다는 주장으로 회의주의의 시조가 되었다.
9. '절름거리다' 혹은 '열의나 의지 없이 행동하다'의 의미로, 여기서는 애정도 없으면서 남자에게 환심을 사려 한다는 뜻이다.

때 예의범절이란 남자에게 말을 걸듯 젊은 여성에게 말을 걸어서는 안 된다는 것이다. 젊은 여성과 대화할 때는 껄끄러운 화제를 피하고 웬만큼 무난한 화제만을 다루어야 한다. 그렇게 해도 여성과의 교제는 어느 정도 조심성을 견지해야 한다. 일대일의 대면은 자칫 몸싸움처럼 변해버릴 수 있기에 심각한 교훈서처럼 무거운 감정은 배제해야 한다. 신사의 수완은 대화에 감각 있는 아가씨를 감각의 대화로 끌어들이는 데 있다. 연애는 토론이 아니다. 몽테뉴는 남성적인 싸움이 있을 때만—심지어 그 싸움이 유혹의 게임처럼 펼쳐질 때조차—토론도 있다고 보았다. 그러한 토론에서는 자신이 설득당하거나 패배할 가능성을 받아들여야만 한다. 소크라테스와 열띤 토론을 벌인 후 기꺼이 자기 생각을 의심해보았을 아테네 젊은이처럼, 몽테뉴는 강력한 사유의 논증 앞에서 기꺼이 자기 뜻을 굽힐 줄 알았다. "누가 나에게 반론을 펼치면 분노가 일어나기보다는 그에게 관심이 쏠린다. 나는 내게 반박하고 가르침을 주는 자에게로 나아간다." 몽테뉴는 참으로 옳은 말을 했다. 나도 경험상 안다. 그리 유연하지 못한 내 정신도 빼어난 정신들을 자주 접하다보니 탄탄해지고 건실

해졌다. 하지만 나는 독서와 사색을 자양분 삼아 말을 빚어내는 남성 혹은 여성을 만나는 행운이 얼마나 드물게 오는지도 잘 안다. 사람들은 협의의 기술보다 단순한 의사 전달을, 더 나쁘게는 왁자지껄하니 어울려 노는 분위기를 더 좋아한다.

1563년 8월, 친구 라보에티를 잃은 몽테뉴의 삶은 "안개에 싸인 컴컴하고 지리멸렬한 밤"으로 변했다. 서른의 나이에 여러 의무를 짊어진 귀족 신사의 역할을 즐기며 살아가려면 웬만큼 에너지가 필요한데, 슬픔이 그 에너지를 앗아갔다. 그는 이제 궁정 사람답게 인상을 쓰고 방탕한 척 살아갈 기운을 잃었다. 라보에티처럼 귀한 대화 상대를 다시는 만날 수 없을 거라고 여긴 몽테뉴는—'수양딸' 마리 드 구르네는 그로부터 이십오 년 후에야 그의 생애에 등장한다—가급적 자기 영지에서 떠나고 싶다는 생각을 하게 된다. 그는 '자유, 평온, 여가'에 적합한 이 은둔의 시기 동안 고대인들의 글을 읽고 또 읽었다. 일부 동시대인들의 저서도 탐독했는데, 대부분 라보에티가 물려준 것이었다. 사실 그때 이미 몽테뉴는 성탑의 두툼한 벽 안쪽에 자리잡은 서재에 처박혀 네번째

유형의 교제[10], 즉 글쓰기에 힘쓰고 있었다.

　몽테뉴 영지에 가면 으리으리하지만 특색은 없는 성 한 채가 눈에 들어온다. 그곳에 살았던 주인이자 영주와는 조금도 닮은 데가 없는 성이다. 사실 이 성은 몽테뉴 사후에 화재로 크게 소실되었다가 그후 계속 바뀐 주인들의 취향에 맞게 수십 년에 걸쳐 복원된 결과물이다. 게다가 지금은 성을 찾는 이도 없다. 반면, 성벽의 이쪽 끝에서 저쪽 끝까지 연이어 서 있는 부속 건물들은 심지어 작은 탑까지 그대로 남아 있다. 방벽은 위압적이지 않다. 요새라기보다 그저 포도나무와 밭을 잘 활용할 마음밖에 없는 부유한 지주의 저택 같다. 몽테뉴는 이곳에 종교적 정치적 중립성의 이미지를 부여하려고 고심했다. 그래서 절대로 성문을 닫아걸지 않았고, 무장한 경비병들을 세워두지도 않았다. 위그노파[11]와 가톨릭파가 저마다 교의를 퍼뜨리고 마구간에까지 자기네들의 근

---

10. 몽테뉴는 삶에 세 가지 교제가 있다고 말한다. 첫번째는 교양과 학식을 갖춘 사람들과의 교제, 두번째는 아름다운 여인들과의 교제, 세번째는 책과의 교제다. 저자는 이에 빗대어 글쓰기를 네번째 교제라고 말한다.

위병을 세우던 시대였다. 그러나 몽테뉴의 집에서는 어느 진영 사람이든 똑같은 대접을 받았다. 그러한 전쟁과 박해의 시대에 평화와 관용에 마음을 두는 것은 위험한 일이었다. 그러나 몽테뉴는 기꺼이 대가를 치렀다.

몽테뉴는 평화를 사랑했고 세상이 자신을 평화롭게 내버려두기를 무엇보다 원했다. 보르도 고등법원 법관직에서 잠시 물러나 있었던 1571년에 그는 성탑 하나를 자기 구미에 맞게 고치는 데 매달렸다. 탑의 일층에는 작은 예배당이 있었는데, 몽테뉴 자신은 예술적으로 꾸며놓은 그 예배당을 이용하지 않고 방문객들에게 내줬다. 그의 아내는 예배당에서 미사를 집전할 사제를 임명했지만, 몽테뉴는 홀로 생각을 정리할 필요가 있다면서 예배당 위층의 자기 방에 틀어박혔다. 벽 속에 소리를 전달하는 통로가 있었던 덕분에 몽테뉴는 침대에 누워서도—때로는 어린 하녀까지 끼고서—통상문을

11. 칼뱅주의를 추종한 프랑스 개신교도파. 가톨릭과 개신교의 대립이 극에 달한 1562년에 프랑스에서 발생한 개신교도 학살 사건에 이들이 저항하면서 이른바 '위그노전쟁'이 발발했고, 이후 37년간 유럽 각국이 얽혀 종교전쟁을 벌였다.

따라하며 미사를 올릴 수 있었다.

그 방 한 층 위에 '서재'가 있다. "방의 모양은 둥글고 내가 앉는 자리와 책상으로 쓸 것 외에는 평평한 데가 없다. 그렇게 벽면이 휘어졌기 때문에 대략 다섯 개 층에 나뉜 내 모든 장서가 한눈에 들어온다. 서재에는 창이 세 개 있는데 전망이 탁 트였다. 전체 공간은 직경 열여섯 걸음 정도다. (…) 잘 만든 별실이 하나 있어서 겨울에는 거기에 불을 피울 수 있다. (…) 나는 서재에서 내 생애의 나날 대부분을, 하루 중 대부분의 시간을 보낸다. (…) 그곳이 나의 근거지다. 나는 그곳의 순수한 지배를 따르고자 애쓴다. 부부 관계, 부자 관계, 시민으로서의 관계 공동체에서 오직 그곳만은 따로 떨어져 있다. (…) 자기 집에서 자기에게 속한 곳, 자기 자신과 교제할 수 있는 곳, 숨을 수 있는 곳이 없는 자는 가련하다!" 몽테뉴는 이렇게 자신의 사유 공간을 묘사하면서도 천장 대들보에다 수십 개의 금언을 새겼다는 사실은 언급하지 않는다. 저자명을 밝히지 않은 금언들 중 일부는 고대 그리스 철학자와 시인—소포클레스, 에우리피데스, 소크라테스, 크세노파네스—의 것이고, 일부는 고대 로마 저자들—플리니우스, 테렌티우스, 호라티우스, 루크레티우스, 섹스투스 엠피리쿠스—에게서 따온 것이며, 더러 성경—『전도서』, 성 바울의 글—을 인용한 것도 있다. 몽테뉴는 간명하면서도 '인간 조건의 허무'에 대해서 많은 것을 말해주는 문장을 대단히 좋아했다.

잘 알려져 있다시피 몽테뉴는 '껑충껑충 날뛰듯' 글을 쓰며 자신이 장의 첫머리에 제기한 문제를 제대로 고려하지도 않는다고 고백한다. 어떤 독자들에게는 이렇게 제멋대로인 글쓰기가 그의 사유를 이해하는 데 걸림돌이 될 것이다. 그들은 몽테뉴가 한 문단 안에서는 아닐지라도 이 글에서 저 글로 넘어가며 모순되는 얘기를 한다고 지적한다. 몽테뉴는 어떤 대목에서는 스토아주의자 같고 또 어떤 대목에서는 에피쿠로스주의자 같은데, 좀더 읽다보면 주랑과 정원[12]을 모두 외면하는 듯하다. 그는 모순을 범하는 것도, 주저하는 것도 아니다. 그저 여기저기 쏘다닐 뿐이다. 정체된 관념들을

---

12. 주랑과 정원은 각각 스토아학파(주랑을 거닐며 철학하는 사람들)와 에피쿠로스학파(에피쿠로스의 정원에서 철학하는 사람들)를 가리킨다.

좇아서는 몽테뉴를 따라잡기 힘들다. 그는 자기를 잘 따라오는 자보다 어슬렁대다가 자신과 잠시 어울리는 자를 더 좋아한다. 독자가 더 좋은 읽을거리를 찾아 떠난다 해서 마음 상할 사람이 아니다.

예전에 교수가 되겠다는 생각으로 철학사전들을 옛날 것, 요즘 것 가릴 것 없이 참조하다가—저 유명한 랄랑드[13]의 철학사전이라든가 앙드레 콩트스퐁빌[14]의 철학사전이라든가—'딜레탕트'라는 단어가 등재되어 있지 않다는 것을 알았지만 딱히 놀랍지는 않았다. '즐기다'라는 뜻의 이탈리아어 동사 '딜레타레dilettare'에서 파생된 이 단어는 '쾌락을 좇아 예술에 열중하는 사람'을 뜻한다. 나라면 이 정의에 '권태때문에'라는 말을 덧붙이겠다. 딜레탕트는 박사님들의 진지함을 공격할 수밖에 없다. 철학박사들은 몽테뉴가 들먹이는 쾌락이 쾌락주의를 설파하는 것이 결코 아님을 마지못해 인

---

13. André Lalande(1867~1963). 프랑스 철학자이자 『철학사전*Vocabulaire technique et critique de la philosophie*』의 편찬자로 유명하다.
14. André Comte-Sponville(1952~). 프랑스의 철학자. 에피쿠로스, 스토아학파, 몽테뉴, 스피노자, 동양철학을 두루 섭렵하고 다양한 저서를 펴냈다.

정하지만, 그가 창조적인 게으름을 누리며 자신의 사상으로 사유의 기쁨을 얻으려 했다는 견해에는 '자신들의 경험을 내세워' 단호하게 반발한다. 몽테뉴는 마치 철학 연구자들 보라는 듯 이렇게 썼다. "아무도 내 글을 읽지 않는다면 나는 내가 유유자적하니 보냈던 시간, 요긴하고도 유쾌한 사유의 시간을 낭비한 셈인가?" 몽테뉴에게 따라붙는 '딜레탕트'라는 수식어는 무의미한 말이 아니다. 이 말은 몽테뉴가 자신을 묘사한 방식, '사전 숙고 없이 우연을 좇는 새로운 철학자상', 다시 말해 '에세이스트'의 모습과 딱 맞아떨어진다.

내가 만약 박사논문을 썼다면 '몽테뉴를 통해서 살펴본 시간 차원에서의 존재'를 주제로 삼았을 것이다. 칸트처럼 이쪽 분야 언어로 지껄여보자면, 세계를 '규정적 판단'의 범주들에 '포섭'되지 않고 '반성적 판단'을 통해 생각하는 몽테뉴의 입장에 대해서 논문을 써볼 수도 있었으리라.[15] 하지만

---

15. 칸트는 『판단력비판』에서 특수자를 이미 주어진 보편자 아래에 포섭하는 규정적 판단과, 특수자로부터 보편자로 상승해야 하는 반성적 판단을 구분한 바 있다.

내 논문은 어차피 독자로서의 취향밖에 개입되지 않아 단순할 것이다. 몽테뉴가 글을 쓰기 위해 서재에 틀어박힌 이유는 자신의 형제와도 같은 에티엔, 그리고 부친 피에르와 대화를 계속 이어나가기 위해서였다. 그 두 사람은 오 년 간격으로 영원한 침묵에 떨어지고 말았다. 몽테뉴의 뮤즈였던 슬픔은 그를 죽도록 못살게 굴며 영감을 주는 악녀 비슷하지 않았을까. 몽테뉴는 에세이를 쓰면서 멋스럽고도 거침없는 글쓰기, 발다사레 카스틸리오네가 그토록 각별하게 여겼던 '스프레차투라 sprezzatura'[16], 즉 '영혼의 병'이 깃들어 있는 글쓰기를 창안했다.

'주의'가 붙은 단어들은 특정한 사고방식, 존재 방식을 뜻하지만 그게 꼭 이데올로기, 형이상학적 체계, 윤리학 등을 가리키란 법은 없다. 나는 몽테뉴에게서 허무주의를 어떤 교의의 형태로 배우지 않았다. 그보다는 다른 작가들에게서 성

---

16. 이탈리아의 정치가이자 문인이었던 발다사레 카스틸리오네가 16세기에 쓴 『궁정인』에서는 젊은이들이 지녀야 할 바람직한 마음가짐으로 '스프레차투라'를 권고하는데, 이는 굳이 애쓰지 않아도 드러나는 우아함, 품위 있되 가볍고 초연한 정신을 뜻한다.

적 성향을 감지할 수 있듯이 몽테뉴에게서 허무주의라는 정신적 성향을 감지했다고 하겠다. 사드의 사디즘, 자허마조흐의 마조히즘이 성애에 대한 사상이 아니듯, 몽테뉴의 허무주의도 철학적 테제는 아니다. 사드와 자허마조흐가 자신의 기벽을 노래한 시인이자 작가였듯 몽테뉴 또한 무엇을 증명하거나 가르치려 들지 않고 그저 영혼의 동요와 신체의 작동 이상을 '이야기'한다.

몽테뉴는 독자적 사유, 죽음에 대한 사유의 인간이었기에 허무주의자다. 그는 죽음 자체를 사유하지 않았다. 그러한 사유는 불가능하기 때문이다. "우리는 단 한 번 죽을 수밖에 없다. 그런 점에서 우리는 모두 죽음 앞에서 초심자다." 반면, 그는 자신의 죽음, 타인의 죽음, 만물의 죽음에 대해 생각한 것을 곧잘 농담하듯 말하면서도 공포를 숨기지 않는다. 몽테뉴는 "인간에게 죽음은 아무것도 아니다. 인간이 살아 있는 동안은 죽음이 존재하지 않고 죽음이 존재하면 그는 더이상 살아 있는 것이 아니기 때문이다"라는 에피쿠로스의 글을 읽으면서, 에피쿠로스가 공허한 말에 만족한 것은 아닌가 하는 의문을 품는다. 몽테뉴는 되레 "오직 죽음에 대한 생각 말고는 다른 생각을 하지 말라"고 대꾸한다. 비록 그러한 생각이 두려움을 가중시킬지라도 말이다. 그는 죽음에 대한 공포를 부끄러워하지 않을 뿐 아니라 그러한 공포에서 가장 지혜로운 철학적 미덕을 이끌어낸다. 바로 인간의 위대함에 대한 신학의 편견을 조소하는 것이다. 죽음은 빠르든 늦든, 급히든 천천히든, 결국 인간의 육체적인 현실에 들어오고야 만다. 그런데 자신의 필멸성을 안다고 해서 인간이 동물보다 존재론적 우위를 차지한다고 말할 수 있는가? 단말마의 고통 이후에 육체와 분리된 영혼이 또다른 삶을 얻는다고 확신할 근거가 어디에 있는가? 죽음에 대한 공포는 '인간의 본성'이므로 죽음을 우리 머릿속에서 몰아내기보다 우리의 나날과 기쁨의 영원한 초대 손님으로 삼는 편이 낫다. '연회를 열어 진수성찬을 차려놓은 중에도 경고의 뜻으로 죽은 자의 미라를 놓아두게 했던' 고대 이집트인들을 본받을 필요가 있는 것이다.

몽테뉴는 이데아, 형상, 수, 원자를 두고 거창한 설을 풀어놓는 철학자들보다 인간의 운명, 막다른 비극을 이야기하는 이들을 선호했다. 엄밀히 말해, 형이상학적 체계는 '고도로 잘 짜인 시'처럼 읽힐 때만 그의 마음을 움직이거나 흥미를 불러일으켰다. 그런 점에서 그는 플라톤의 대화보다 루크레티우스의 『사물의 본성에 관하여』에 한결 공감했다. 그러나 그는 자신이 접한 대부분의 글이 공허하고 모호한 '허풍'을 늘어놓는다는 인상을 받아왔던 터라, 한마디도 알아들을 수 없다고 해서 "손톱을 물어뜯지는" 않았다. '난해함'은 "학자들이 사기꾼들처럼 자기네 기술의 공허함을 드러내지 않기 위해 사용하는 화폐"이며, "인간의 어리석음에 대해 이 화폐로 쉽게 대가를 치를 수 있다"고 보는 몽테뉴는 독자를 다음과 같은 말로 안심시키려고 한다. "나는 철학자가 아니다." 몽테뉴가 프로이트보다 앞서 철학자를 사유, 이성, '기발한 상상'의 과잉에 시달리는 인간으로 보았다는 점은 주목할 만하다. 철학자는 '의미'의 과잉, 정신의학에서 말하는 소위 '편집증'을 앓는 인간이다. 철학자들은 우발적이고 덧없는 자신의 생을 너무 불안해한 나머지 우연, 시간, 죽음의 현실을 부정하고, 조화와 영원을 갈구하는 자신의 어긋난 욕망에 부합하는 세계로 현실을 대체해버린 사람들 같다. 그들의 광기는 눈에 보이는 현실을 참다운 현실의 외관에 불과하다는 양

제시한 데서 찾을 수 있다. '존재$^{\hat{E}tre}$'라고 명명하지만 그들의 상상 속에만 있는 또다른 현실의 부산물로 취급했다고 할까. 이 순전한 날조가 '형이상학'이라는 그럴듯한 이름으로 알려져 있다.

　몽테뉴는 형이상학자들의 '부조리'에는 관대한 편이었던 것 같지만, 그들이 시간 또는 죽음, 쾌락 또는 고통, 기쁨 또는 슬픔을 자신과 직결된 현실로서 다루기를 거부하는 꼴은 참고 보지 못했다. 플라톤은 소크라테스의 죽음을 기술할 뿐, 죽음에 대한 '자신의' 접근법을 논하지 않는다. 아리스토텔레스는 우정을 다루지만 '자신의' 친구들에 대해서는 일언반구가 없다. 에피쿠로스는 쾌락을 설파하나 '자신의' 쾌락에 대해서는 침묵한다. 키케로는 노년에 대한 글을 쓰면서 '자신의' 노쇠는 다루지 않는다. 그들의 글을 읽다보면 그들 자신도 형이상학적 존재들 같다. 몽테뉴가 보기에 이런 유의 점잔 빼기가 '공상적인' 객설을 낳는 것은 그나마 괜찮다. 하지만 이 철학자들은 여느 철학자들과 마찬가지로 그들 자신에 대해 말하지 않고도 지혜를 설파할 수 있다고 생각했는데, 그건 '속임수'다. 몽테뉴는 절대적인 앎, 행복, 자기 수양,

초탈을 추구하라는 선동만큼 의심스러운 것도 없다고 생각했다. '궁극의 진리' 또는 '지고선至高善'에 도달하기에 우리의 이성은 너무 약하고 우리의 욕망과 정념은 너무 강하다.

몽테뉴는 과학을 경계했다기보다 신중을 기하는 차원에서 "나는 무엇을 아는가?"라고 물은 것이다. 이성, 우리를 둘러싼 어둠 속에 가녀린 빛이나마 비출 수 있는 '우리의 능력', 인간이 보편적으로 지녔다고 여겨지는 그 이성은 "각자가 자기 내면에서 만들어내는 담론의 외양, (…) 어떤 치수와 각도에도 끼워맞출 수 있고 얼마든지 늘리거나 펼칠 수 있는 납과 밀랍 같은 도구"일 뿐이다. 물론 그렇더라도 이성을 사용한다는 것 자체에는 문제가 없다는 점은 몽테뉴도 인정한다. 이성을 사용한다는 것은 일단 의심한다는 것이요, 우리의 의심은 진실보다 우리의 확신을 더 문제삼아야 하기 때문이다. 확신은 믿음에 대한 욕구를 나타내지만, 진실은 알고자 하는 욕망에 부응한다. 몽테뉴는 비록 회의주의자이지만 진실만을 말하고자 했던 사람들, 다시 말해 사유를 현실에 맞추려 했던 사람들을 찬양한다. 단, 그러한 사유와 현실의 합치가 자의적이지 않도록, 사유와 현실 또한 각기 자의적이지 않도록 경계해야 한다. 우리가 '진실'이라고 부르는 것은 사물에 대한 결정적 앎보다는 일시적인 규정이라고 보는 편이 더 적절하다. 우리의 앎은 혼동을 가급적 삼가는 사유적 이해라고 할 수 있지만 그래봤자 카오스에 대한 이해인 것이다. 믿음과 진실 사이에는 확고한 성격적 차이가 없으며 정확성의 정도 차만 있다. 바로 그렇기 때문에 몽테뉴 자신은 즐거운 학문과 박학한 무지 양쪽 모두에 의지한다.

이성이 진실들을 엮어내는 것 못지않게 상상들도 엮어낸다면, 이성이 권고하는 미덕들을 따라 산다는 것이 과연 가능할까? 저마다 제 본연의 존재로서 각자가 처한 상황 속에서 발버둥치기도 하고 그 상황에 묻히기도 하니, 도덕적 삶은 실현 가능성 없는 서원誓願이다. 용기가 나약함보다 낫고, 고결함이 비열함보다 나으며, 우정이 증오보다 낫고, 관용이 아집보다 낫다는 것은 몽테뉴도 부정하지 않는다. 이는 건강이 질병보다 낫다고 인정하지 않을 수 없는 것과 마찬가지다. 다만 몽테뉴는 이성이 불러일으키거나 명령하는 모든 미덕들이 의지의 힘으로 획득되거나 정복될 수 있는 것인지 의심스러운 것이다. 우리의 정념 상태가 보여주듯, 우리 영혼의 '조직'을 이루는 욕망과 상상력이 결합해 행사하는 압력 앞에 의지는 속수무책이다. 이성이 명한다는 이유로 정서, 감정, 강박관념에서 자발적으로 벗어날 수 있는 사람은 아무도 없다. 새로운 사랑만이 우리를 상심에서 벗어나게 하고, 분노만이 미움을 해소할 수 있으며, 아버지를 잃은 슬픔은 아들을 낳고서야 누그러지고, 기쁨만이 슬픔을 가로막을 수 있다. 하지만 아들을 잃은 아버지는 슬픔, 마음이 차갑게 식어버리는 기분, 미움, 분노 그 모두를 느끼기도 한다. 아무 처방도 듣지 않는 고질적 우울증이라면 다르겠지만, 이처럼 하나의 정념은―좋음과 나쁨, 기쁨과 슬픔을 막론하고―잠시 다른 정념을 몰아낼 수 있다. 지혜의 장사치들이 이 자명한 인간적 현실을 은폐하는 것을 몽테뉴는 상식적으로 용납할 수 없었다. 신체가 질병에 대비하는 방식처럼 우리 영혼이 감정을 털고 일어날 수는 없다. 우리 영혼이 치유되려면 욕망과 상상의 대상들을 질리도록 누려봐야 할 것이다. 하지만 우리는 운이 좋을 때만 겨우 그 대상들을 손에 넣는다. 그런데 몽테뉴가 주목한 대로 "우리의 지성과 희열에 부합하는 것이 무엇이든, 우리는 그걸로 만족할 수 없음을 예감하

고 장차 다가올 미지의 것만을 입을 벌리고 좇는다". 우리가
지금 여기서 소유하는 친숙한 사물들이 우리를 '도취시키지'
못하기 때문이 아니라 우리가 그것들을 '병적으로 무절제하
게 낚아채기' 때문이다. 이 문제에는 어떤 철학도 손쓸 수 없
다. 현자는 허깨비다. 덕을 쌓겠다는 의지 자체도 결국 어떤
'타자'가 되겠다는 의지이며, 이성과 의지가 욕망과 상상 앞
에서 얼마나 힘을 못 쓰는지 잘 보여줄 뿐이다. 은연중에 이
성과 의지는 헛된 기대를 불러일으키는 수단으로 전락한 것
이다. 마지막으로, 덕vertu이 도덕morale과 아무런 상관도 없음
을 인정해야 할 것이다. 원래 '비르투스virtus'라는 단어는 어
떤 존재의 '본성적인' 특징을 지칭했다. 이러한 의미에서 몽
테뉴는 인간 영혼의 덕을 단 하나만 인정한다. 바로 불만이
라는 덕만이 선량한 사람과 부도덕한 사람 모두에게 해당한
다는 것이다.

그래도 이성적인 삶에 도달하기를 원하는가? 몽테뉴는
그렇다면 자연에 따라 살라고 권고한다. 그는 자연을 '첫째
가는 관습'이라고도 부른다. 물론 몽테뉴에게 자연은 어떤
이성이나 신적 지혜의 인도도 없는 '영원한 시소'[17]에 불과

하다. 인간들이 자연에서 어떤 질서를 본다면 그건 어디까지나 투박하고 조악한 지각의 습관 때문이다. 인간은 자연현상의 규칙성을 자신의 척도에 의거해 경험하는 탓에, 자연에 활기를 불어넣는 '더 미약한 동요'를 망각하고 자연이 그저 도시와 비슷한 법칙을 따를 거라고 생각한다. 하지만 그게 뭐 중요하랴. 그러한 착각은 필요하거니와 이롭기까지 하다. 전통과 법으로 굳어진 관습은 우주의 혼돈에 적응하고 이러한 '제2의 천성'에 순응하게 한 제도라고 할 수 있다. 몽테뉴는 영주 노릇을 해야 할 때는 제대로 그 역할을 다했다. 군인, 보르도 시장, 남편, 아버지, 신실한 가톨릭교도 등의 역할을 해야 할 때도 그렇게 했다. "내 직업과 기술은 살아가는 일이다." 몽테뉴는 그렇게 말했고, '적절한 삶을 살라'는 금언을 언제나 마음속에 간직했다. 달리 말하자면 '애매하게 굴지 말라!'는 얘기다. 몽테뉴는 오직 '속에 있는' 생각을 발전

17. 몽테뉴는 인생이 영원한 시소에 지나지 않는다고 했다. 자연을 비롯한 만물의 양상은 시소 위에서 움직이는 것과 같으며, 불변이라는 것도 천천히 움직이는 동요와 다름없다고 보았다.

시켜나가는 의식의 '뒷방'에서만 자신의 역할들을 모두 벗어 던진다. 오만 가지 가면들 중 가장 표정이 좋은 가면, 즉 생각하는 사람의 가면은 오직 자신만을 위해서 쓴다. 몽테뉴는 자유로우며 덕 있고 행복한 삶의 지침을 제시하지 않는다. 그는 순전히 체념하고 엄격한 사회적 법적 순응주의를 위선적으로 받아들일 것을 설파한다. 몽테뉴를 계몽주의의 선구자로 보는 것은 굉장히 왜곡된 시각이다. 몽테뉴는 비극의 사상가다. 그는 통찰력이 있었기에 인간들을 밝게 비추고 인도하기를 꺼렸다.

몽테뉴는 추상적인 세계를 접할 때도 그랬지만 형이상학과 지혜를 다루는 글에 넘쳐나는 난해한 역설, 육체와 따로 노는 도덕적 교훈에 머리 아파했다. 그는 자신에게 선택의 여지가 없다고 생각했다. 자기가 즐거이 읽을 수 있는 단 한 권의 철학서를 직접 쓰는 수밖에 없었다. 그 자신이 책의 주요한 '소재'가 될 터였으니까. 그는 "나는 존재가 아니라 추이passage를 그린다"고 말함으로써 에세이 그 자체를 정의했다. 몽테뉴는 역사상 유일한 에세이 '작가'다. 회고록도 고백록도 일기도 아니지만 동시에 그 전부인 몽테뉴의 에세이는, 생의 비통함을 그대로 옮겨 쓰려 했던 한 인간의 독보적인 언어로서 다가온다. '말할 수 없는 끌림'과 '아주 사소한 것'에 천착한 문체론이라 하겠다. "우리의 정신처럼 잘 헤매고 다니는 것을 쫓으며, 우리 내면의 불투명한 주름 속까지 침투해, 그 요동하는 수많은 세밀한 모습을 하나하나 포착하려는 시도는 생각보다 훨씬 힘든 가시밭길이었다." 몽테뉴는 내면생활의 움직임에 적합한 어휘와 문법을 정초하는 작업의 어려움 때문에 철학자들이 '자기 얘기를 하는 것을 악덕으로는 보는 관습'을 비판한다. 이는 '너 자신을 알라'라는 소크라테스의 아폴론적 명령을 희한하게도 철저히 망각한 관습 아닌가. 몽테뉴는 새삼 이렇게 일깨운다. "소크라테스가 자기 자신보다 무엇을 더 크게 취급했던가? 그는 무엇보다 자신에 대해서 말하기, 책의 가르침이 아닌 영혼의 존재와 동요로써 제자들을 자주 지도하지 않았던가?" 르네상스 화가들이 고대 조각품을 모델로 삼아 새로운 그림을 그려낸 것처럼 몽테뉴도 소크라테스의 좌우명을 자기 나름대로 새롭게 취하여 '에고티즘*égotisme*'을 만들었다. 『에세*Essais*』의 저자가 자아 예찬이라는 '어리석고 허망한 계획'을 마음에 품었다고 하는 파스칼의 말은 옳지 않다. 몽테뉴는 자기 사색과 몸짓이라는 '형체 없는 주제'를 잿빛으로 칠하면서 '영광 없는 낮은 삶'만을 제시한다. 그는 자신을 완전히 까발려 보이지만, 이는 구석구석 깊은 곳까지 덕으로 빚어진 모습을 보라는 뜻이 아니라 자신을 "혈관, 근육, 힘줄이 각기 제자리에 자리잡혀 있음을 한눈에 보여주는 해부용 시체"로 삼으라는 뜻이다. 그는 자기 안에 '인간 조건'의 형상을 간직했기에 그 조건의 '허무'를 온전히 강조한다.

몽테뉴가 만들어낸 에세이는 일종의 '자기기록'이다. 최악에 대한 글쓰기랄까. 그는 "나 자신을 나에게 논증이자 주제로 제시했다"고 쓰지만 곧바로 이렇게 덧붙인다. "내가 나를 강박적으로 생각하고 나에 대해 알아갈수록 내 안의 나를 이해하기는 어려웠다." 자기 내면을 들여다보려는 노력이 그렇게 철저했는데도 그는 허기를 느꼈다. 그나마 그가 얻을 수 있었던 다소간의 실질적 소득은 행운, 즉 글쓰기의 행복에 속한 것이었다. 몽테뉴는 세계에 본질이 없듯 자기 안에도 자아는 없다는 것을 확인했다. 세계가 무한한 물체들의 우연한 결합에 지나지 않듯, 그의 자아라는 것 또한 빈 공간

속에서 부산하게 움직이며 기뻐하거나 괴로워하는 원자들의 덩어리에 지나지 않았다. 그런데 오직 말들만은, 이 두툼한 책 속에 고집스럽게 붙잡아놓은 몽테뉴의 입김만은 그에게 존재의 겉모습을 부여했다. 이건 차라리 보잘것없는 육신이 말씀이 되는 기적이다.[18] "내가 책을 썼다기보다 내 책이 나를 만들었다." 자기 글을 다시 읽고 공책에 '첨언'을 잔뜩 써넣는 작업을 하는 동안 몽테뉴는 자신이 자아를 탐색하는 작가인지, 작가를 탐색하는 자아인지 분간할 수 없었으리라.

1900년, 스무 살의 슈테판 츠바이크[19]는 처음으로 『에세』를 읽었다. 당시 그는 "순전히 문학적인" 즐거움을 얻었노라고 고백한다. 이 책은 그에게 "아름다운 옛 물건을 발견한 골동품상 같은" 감정을 불러일으켰을 뿐이다. 하지만 훗날 20세기가 두 번의 세계대전 속으로 가라앉고, 츠바이크 자신이 "희망, 경험, 기대, 열광을 뿌리 뽑히고 자신의 벌거벗은 자

---

18. 『요한복음』 1장 14절의 "말씀은 육신이 되어"라는 표현을 도치한 것.
19. Stefan Zweig(1881~1942). 오스트리아 태생의 소설가이자 전기작가. 역사적 통찰과 인물에 대한 심도 있는 탐구를 바탕으로 니체, 톨스토이, 발자크 등의 평전을 집필해 명성을 떨쳤다.

아, 두 번은 오지 않을 유일한 생 외에는 옹호할 것이 없는 지경까지 매질당하듯 쫓겨나서야" 비로소 그에게 몽테뉴는 "아무도 대신할 수 없는 친구"가 되었다. 츠바이크는 감사의 뜻으로 자신의 가장 아름다운 저작 하나를 몽테뉴에게 헌정했다. 그는 젊은 아내 로테와 함께 망명한 브라질의 외딴 도시 페트로폴리스에서 『몽테뉴』를 집필했고, 책이 완성된 후 1942년 2월에 아내와 동반 자살했다. 친구 몽테뉴가 그를 구원해주지는 못했던 것이다.

내 삶은 츠바이크의 운명과 아무 상관도 없다. 나는 나치즘과 전쟁이 물러난 후에 태어났고, 유대인도 아니다. 역사적 고행과 박해를 겪은 적도 없다. 그렇지만 내가 서른이 되었을 때, 몽테뉴가 친구로서 다가왔다. 『에세』의 어마어마한 분량에 질렸던 나는 일단 몇 장을 들춰보기만 했다. 하지만 금세 감이 왔기 때문에 이 저작을 좀더 제대로 읽어보기로 작정했다. 이제 『에세』를 다시 잡을 때마다 나 또한 츠바이크처럼 이렇게 말할 수 있다. "나는 문학서나 철학서를 들고 있는 게 아니다. 나를 이해해주고 나에게 이해받는 한 인간과 함께 있는 것이다."

7

세바스티앙 샹포르

> "
> 이 세상에서 가장 훌륭한 철학은
> 유쾌한 풍자와 멸시 어린 관용을
> 조화시키는 것이다.
> "

몰리에르[1]의 『인간 혐오자』 도입부에서 주인공 알세스트는 친구 필랭트가 이름조차 모르는 부인에게 지극한 친절을 베푸는 모습을 보고 그에게 말도 걸지 않는다. 친구가 자신에게 따뜻한 우정의 말을 건넨 다음 바로 생면부지

---

1. Molière(1622~1673). 인간의 본질을 고찰해 함축성 있는 작품을 선보인 프랑스 희극의 거장으로, 『타르튀프』 『서민귀족』 『상상으로 앓는 환자』 등을 썼다. 『인간 혐오자』는 도덕적 결벽증이 있는 주인공 알세스트가 아름다운 사교계 여성 셀리멘에게 애정을 품지만 결국 사랑하는 여인에게도 기만당하고 인간 사회에 더욱더 환멸을 느끼게 된다는 내용을 담고 있다.

의 타인에게 똑같은 말을 건넸다면, 그 친구와 맺은 관계의 진정성을 어떻게 생각해야 할까? 이 물음에 필랭트는 우정을 위한 시간과 원만한 인간관계를 위한 시간은 별개라고, 인간관계란 모든 손님들이 예의범절이라는 공통화폐를 사용할 때만 무탈하게 이루어지는 거래 같은 거라고 대꾸한다. 알세스트는 궁정인 냄새를 풍기는 위선적 윤리에 기분 나빠한다. 그러한 윤리에 지혜가 깃들어 있음을 모르기 때문이다. 사람들이 단 한 시간만 서로를 오직 본심으로 대한다면 알세스트의 바람대로 '마음에서 우러나오지 않는 말은 한마디도 하지 않을' 것이요, 결국 최후의 한 사람이 남을 때까지 서로를 학살할 것이다.

　"유쾌한 풍자와 멸시 어린 관용"을 결합한 태도로 세상을 대하라는 샹포르의 조언은 아마도 본인의 호된 경험에서 나왔을 것이다. 사교계 살롱에서는 그가 사생아라는 사실을 끊임없이 들먹였고, 문단에서는 각별한 벗이라 믿었던 이들이 되레 그의 영광을 저지하려고 발악했다. 무엇보다 몰락한 귀족들은 뻔뻔하게도 언제나 그를 하인 취급했다. 샹포르가 1769년에 아카데미프랑세즈에서 발표한 「몰리에르 예찬

Éloge de Molière」에서는 몰리에르에 대한 경의, 그것도 아주 심도 있고 신랄한 경의를 읽어낼 수 있다. "일찍이 자신이 구상한 사회 체계를 보여준 희극 작가가 있다면 『인간 혐오자』의 몰리에르를 들 수 있겠습니다. 몰리에르는 이 작품에서 사교계가 필연적으로 끌어들이는 온갖 악습을 보여줌으로써 현자가 사교계의 이점들을 취하려면 어떤 대가를 치러야 하는지 알려줍니다. 상호 관용을 기반으로 하는 체계 속에서 완벽한 덕은 사람들에게 부적절한 것일 뿐만 아니라 사람들을 교화하지 못한 채 괴로움만 당합니다. 그러한 덕은, 좀더 단단해져 사회에서 여러 용도로 쓰이려면 반드시 다른 금속과 혼합되어야만 하는 순금과 같죠. 하지만 동시에 작가는 알세스트를 시종일관 다른 인물들보다 우위에 둡니다. 그러한 덕은 비록 그 금욕적인 태도 때문에 조롱당할지라도, 주위의 모든 것을 압도하고 퇴색시킨다는 것을 보여준 셈이지요. 다른 금속과 섞이지 않은 순금이 어쨌든 모든 금속을 통틀어 가장 값지고 귀한 것임에는 변함없듯이 말입니다."

몰리에르가 셀리멘을 따라다니는 시시한 귀족 나부랭이들보다 알세스트를 높게 평가하는 것은 분명하다. 하지만 알세스트를 필랭트보다 우위에 두었을까? 귀찮게 구는 인간에게 속내를 있는 대로 다 내보이고 분통을 터뜨리는 알세스트의 행동이 과연 잘한 짓인가라는 물음의 이면에는 알세스트가 필랭트보다 나은가라는 또다른 물음이 있다. 이 물음은 계몽주의 시대와 위대한 세기Grand Siècle[2]를 견주며, 샹포르의 정신 자체를 바라보는 입장도 둘로 나눈다. 우선, 인간들이 그 본성상 서로에게 해를 끼친다고 보는 입장이 있다. 그리고 본성이 아니라 사회생활 때문에 결국 그렇게 된다고 보는 입장이 있다.

한편으로 우리는 필랭트의 대사에서 몰리에르가 자신의 시대에 아주 잘 속해 있었음을 감지할 수 있다. 당대의 문학은 장세니슴과 자유사상, 양쪽 모두를 반영했다. 이 문학은 코르네유[3]식의 주인공을 파괴하려 했다기보다 예술적, 신학적, 철학적 허상을 무너뜨리려 했다. 인간의 위대함이라

---

2. 프랑스사에서 위대한 세기란 17세기 후반, 막강한 권력과 화려한 궁정 생활을 누렸던 루이 14세의 치하를 일컫는다. 이 시기에 프랑스는 국가의 틀을 갖추게 되었고 예술, 문화, 건축 등이 크게 발전했다.

는 신화, 그 밖에도 어떤 정신적 이상의 신화를 지어낼 만한 허상을 문제삼았던 것이다. 샹포르는 모럴리스트를 두 유형으로 구분한다. 인간의 본성에서 "가증스럽고 우스꽝스러운 면"만을 보는 이들이 있는가 하면, "아름다움과 완전함"만을 보는 이들이 있다. 전자는 "변소밖에 보지 않기 때문에 궁전을 모르고" 후자는 "엄연히 존재하는 것들을 자기 마음에 들지 않는다고 외면"한다. 샹포르는 '참된 것 가운데 거하다Est in medio verum'를 모토로 삼는다. 그런데 몰리에르는 그렇지 않다. 몰리에르를 모럴리스트의 두 유형 중 전자에 집어넣어야 한다는 점은 명백하다. 그래서 자칫 필랭트의 입에서 라로슈푸코가 했을 법한 말이 터져나온대도 놀랍지 않다. 라로슈푸코라면 가장 야만적인 전쟁터들과 더없이 교양 높은 살롱들을 두루 섭렵한 인간 본성의 감식가가 아닌가. "약을 배합하면서 종종 독을 조금 집어넣듯 미덕을 조성할 때도 악

---

3. Pierre Corneille(1606~1684). 프랑스의 극작가로, 몰리에르 이전에 문학적 희곡을 확립했다는 평가를 받는다. 그의 주인공들은 대체로 인간의 의지와 논리로 생의 혹독한 시련을 이겨내고자 하며, 개인적 정념보다는 명예와 의무를 중요시한다.

덕이 필요하다. 신중하게 미덕과 악덕을 배합하고 희석하면 인생의 온갖 불행에 요긴하게 쓰인다."

알세스트는 솔직한 말이라는 조악한 교육 수단으로 사람들—그가 사랑하는 셀리멘을 비롯한—의 영혼을 변화시키고 싶다는 남모를 욕망에 끌린다. 그런 점에서 알세스트는 인간들을 좋아하지만 깊은 환멸을 경험한 캐릭터로 봐야 한다. 우정도 잃고 사랑도 잃은 그는 자신의 좌절을 사회 전체의 책임으로 돌리고, 사회를 자신이 생각하는 이미지대로 창조하지 않은 빌어먹을 신을 증오한다. 하지만 사회를 파괴할 수는 없으니 고독한 은둔 외에는 선택의 여지가 없다. 그러한 선택은 마음을 갉아먹고 복수조차 할 수 없는 무기력을 낳기에 병보다도 나쁜 약이다. 한편 필랭트는 '인간 본성과 결합한 악덕'을 바로잡을 수 있으리라는 착각을 눈곱만큼도 하지 않는다. 그의 정신은 "교활하고 불의하며 사리사욕에 찌든 인간을 보아도 살육에 굶주린 독수리, 악의 넘치는 원숭이, 분해서 날뛰는 늑대를 바라볼 때보다 딱히 더 불쾌해지는" 않다. 이러한 필랭트야말로 진짜 인간 혐오자로 보인다. 우울하고 까다로운 알세스트보다는 필랭트의 무심한 태도와 세속적인 이중성의 자질이 아마 샹포르의 좌우명에 더 영감을 주었을 것이다.

　나는 샹포르가 한 말을 되뇌면서 『인간 혐오자』의 첫 장면을 떠올릴 뿐만 아니라, 알세스트와 필랭트라는 두 인물이 저마다 내 입장을 차례로 대변해준다고 생각하곤 한다. 내가 인간들을 대하는 행동방식도 그렇게 양분되어 있기 때문이다. 분개할 것인가, 태연자약하게 굴 것인가? 알세스트는 나다. 어리석음과 저속함, 편견과 허세, 계산과 야망을 접할 때마다 고슴도치처럼 가시를 곤두세운다는 점에서 알세스트를 닮았다. 나 또한 그처럼 기분이 우중충해져서는 나에게 다가오는 모든 이를 한데 싸잡아 '한 명 한 명에게 내 속내를 완전히 까놓고 얘기한' 후에 '모든 인간 족속을 정면으로 공격하고' 싶은 욕망을 느끼곤 한다. 그러나 내가 그러지 못하는 이유는 내 속에 필랭트와 같은 생각이 있기 때문이다. 필랭트처럼 '더 잘될 수도 있었을 오만 가지 일을 매일 관찰'하다 보니 나 역시 '친히 나서서 세상을 바로잡겠다는 것은 완전히 정신 나간 발상'이라는 생각이 든다. 그렇기 때문에 사회 안에서 나는 본능적으로 인내심을 갖고 예의를 차린다.

그러한 예의가 내가 상대하는 사람들의 촌스러움과 무례함을 막아주거나 그들의 기를 꺾지는 못하지만 말이다. 아니, 오히려 그 반대다. 내가 언사, 옷차림, 행동거지에 격식을 갖출수록 호의는 둘째 치고—예의는 있을 수도 있고 없을 수도 있지만 호의는 존재하지 않는다—중립적인 대우조차 받기 어려워진다. 적대감을 해소하기 위해 때와 장소에 맞는 말과 행동으로 모든 이를 대하려고 하지만, 다양한 언어 사용역使用域을 고려하고 교양인다운 태도를 보이는 것이 어떤 상대에겐 우월감의 표시, 거만한 도발로 비치기도 한다. 밑도 끝도 없는 추잡한 말이 공식어로 통하는 곳에서 적확하고 기지 있는 말로 자기 생각을 표현하면 어떻게 되겠는가? 운동복과 후드 티셔츠가 유니폼으로 통하는데 혼자 한껏 차려입으면 어떻게 되겠는가? 긴장을 푼답시고 모두들 될 대로 되라는 식으로 행동하는데 혼자 점잖게 굴어서 뭐하겠는가? 그러한 귀족적 자질은 서민의 본성에 거슬릴 뿐 아니라 금세 주먹다짐에 가까운 갈등관계를 형성하고 만다. 발타사르 그라시안의 『점잖은 자El Discreto』 속 우화가 그러한 갈등관계를 묘사한다. 우화 속에서 공작은 암탉에서 까마귀에 이르기까지 날개 달린 모든 족속의 대표들에게 공격을 당한다. 그들은 자기들이 가진 적도 없었고 앞으로도 가질 일 없는 화려한 위용을 공작이 훔쳐가기라도 했다는 듯 비난한다. 나는 같은 시대를 사는 사람들을 의무상 몇 시간 상대하고 집으로 돌아오면 싸움을 가까스로 피한 듯한 기분이 든다. 싸움을 잘 피했다면 그건 어디까지나 도망칠 시간을 벌어야 할 때마다 꿀처럼 달콤하고 정신 못 차리게 하는 말로 상대의 분함을 진정시키는 나의 철저한 반사적 행동 덕분이다. 나는 언젠가 사달이 나고 말 거라는 두려움 때문에 무술을 배워보려는 생각도 자주 한다. 테르미도르의 뮈스카댕[4]처럼 무기로 쓸 수 있는 지팡이 없이는 아예 외출을 하지 말까. 아니면 필랭트처럼 냉정하기 이를 데 없는 철학자가 되어 보는 것도 좋겠다. 무기도 소지할 수 있다는 조건에서라면 말이다.

---

4. 테르미도르는 프랑스혁명력에서 열한번째 달인 열월熱月을 뜻하며, 혁명정부에 대항한 반동이 일어난 달이다. 뮈스카댕은 큰 넥타이, 몸에 짝 붙는 옷, 지팡이 등으로 멋을 낸 옷차림을 했던 왕당파 청년들을 가리키는데, 이들은 테르미도르 반동 때 폭력단을 조직하는 등 중요한 역할을 했다.

8
지크문트 프로이트

> "
> '인간은 인간에게 늑대다.'
> 인생과 역사의 이 가르침을 앞에 두고
> 누가 감히 반박할 수 있겠는가?
> "

『문명 속의 불만』은 1929년에 빈에서 출간되었다. 그 시기 베를린의 영화관에서는 파브스트[1] 감독의 〈판도라의 상자〉에서 룰루를 연기한 루이즈 브룩스의 얼굴을 볼 수 있었다. 파브스트는 프로이트의 애독자였고 영혼의 수수께끼에 깊은 관심을 품고 있었기에 베데킨트의 희곡 『판도

1. Georg Wilhelm Pabst(1885~1967). 오스트리아 태생의 영화감독. 독일 사회에서 여성들이 겪는 역경을 주로 다뤘으며, 프랑스와 미국 등을 오가며 작품활동을 했다. 대표작으로는 〈서푼짜리 오페라〉〈판도라의 상자〉〈버림받은 자의 일기〉 등이 있다.

라의 상자』를 영화화해 에로스(룰루)와 타나토스(잭 더 리퍼)의 숙명적인 만남을 스크린에 그려냈다. 프로이트는 그 영화를 싫어했지만 루이즈 브룩스는 프로이트를 존경했다. 당시 프로이트의 나이는 일흔셋이었고 젊은 여배우는 스물셋이었다. '룰루'가 광기의 시대를 마감한다면『문명 속의 불만』은 죽음에 환장하는 시대를 예고한다.

프로이트는 고등학교와 대학 초년에 꼭 읽어야 하는 작가였다. 나는 그 시기에 츠바이크, 슈니츨러[2], 로트[3]를 미친듯이 탐독했고 실레, 코코슈카[4], 클림트를 다룬 예술서들을 열심히 모았다. 내가 세기말의 빈 분리파[5]에 대한 향수를 키워나가는 동안, 혁명좌파 대학생들에게 가장 인기 있었던 오스

---

2. Arthur Schnitzler(1862~1931). 오스트리아의 소설가이자 극작가. 재치 있고 함축적인 대화가 중심이 되는 단편을 주로 썼으며, 프로이트의 영향을 받았다.『아나톨』『윤무』등의 대표작이 있다.
3. Joseph Roth(1894~1939). 오스트리아의 기자이자 작가. 저널리즘과 소설 기법을 바탕으로 당시의 사회 분위기와 정서를 치밀하게 묘사했다. 다작을 했으며,『욥』『라데츠키 행진곡』『엉터리 저울추』등을 썼다.
4. Oskar Kokoschka(1886~1980). 오스트리아의 표현주의 화가이며 시인이자 극작가로도 활동했다. 인물화와 풍경화를 주로 그렸고, 실제적인 묘사를 배제했으며 인간의 심리묘사에 뛰어났다.

트리아 출신 정신분석학자는 프로이트가 아니라 빌헬름 라이히[6]였다. 그는 일종의 우주적 리비도라는 환각—본인은 '발견'이라고 하지만—에 사로잡혔던 학자로, 말년에는 미국으로 망명해 우주적 리비도의 기술적 응용, 가령 암을 치료하는 기계라든가 '구름을 몰아내는 장치' 등을 만드는 연구에 매진했다. 그는 결국 정신착란을 일으켰고, 불법 의료 시술을 한 죄로 감옥에도 갔다. 하지만 1930년대의 라이히는 본능의 억압 이론에 계급투쟁 개념을 도입함으로써 프로이트-마르크스주의의 토대를 마련한 인물이다. 프로이트도 신경증을 발생시키는 문화를 언급했지만, 라이히는 그게 바

---

5. 19세기 말 유럽의 젊은 예술가들을 중심으로 제도권 예술에서 벗어나 혁신을 추구하는 움직임이 있었으며, 그 중심에 독일의 뮌헨 분리파와 베를린 분리파, 오스트리아의 빈 분리파가 있었다. 클림트, 코코슈카, 실레는 빈 분리파 운동의 주역들이다.
6. Wilhelm Reich(1897~1957). 오스트리아 태생의 정신분석가로, 인간의 자연스러운 삶과 욕망을 억압하는 이념과 제도에 반기를 들고 현실정치와 성정치 운동에 매진했다. 라이히는 우주의 근원적 힘인 오르곤 에너지의 존재를 주장하며 오르곤 집적기 등을 개발해 질병을 치료하고자 했다. 저자는 이를 프로이트가 에너지나 힘의 형태로 정의한 리비도 개념에 빗대어 우주적 리비도라고 칭한다.

로 '부르주아 문화'라고 콕 집어 말했다. 부르주아 문화의 가치관과 도덕적 제도는 프롤레타리아를 자본주의 경제기구로 짓누르고 오르가슴을 박탈함으로써 그들의 인간성을 완전히 부정한다. 바로 여기서 가장 곤궁한 자들에 대한 성적 도움이 긴급하게 요구되며—성정치 운동의 투쟁적 소명이 여기에 있다—오직 사회적 혁명만이 대중의 성적 소외 조건을 폐지할 수 있다는 생각이 나왔다. 라이히와 그 추종자들에게 공산주의는 '소비에트 연방에 오르곤을 더한 것'이었다.

사실 1970년대의 좌파들이 프로이트가 아닌 라이히를 선택했던 이유는 라이히가 사회주의 이데올로기에 공헌한 바가 있어서라기보다, 프로이트가 쾌락원칙[7]과 공고히 얽힌 죽음충동의 존재를 가정했기 때문이다. 좌파들은 『문명 속의 불만』의 저자를 용서할 수 없었다. 프로이트가 인간에 대해, 공격받을 때만 자신을 지키고자 남을 공격하는 "사랑에 목

---

7. 프로이트는 쾌락을 추구하고 불쾌를 멀리하려는 인간 심리를 쾌락원칙으로 설명했으며, 쾌락원칙으로 설명되지 않는 심리를 아무런 흥분이 없는 평형 상태로 돌아가려는 힘, 즉 죽음충동이라는 개념을 도입함으로써 규명하려 했다.

마른 마음"을 지닌 순한 동물이 아니요, "남들을 희생시켜가며 자신의 공격 욕구를 충족하고, 남들의 노동을 대가 없이 착취하고, 합의 없이 타자를 성적으로 유린하며, 남들의 재화를 빼앗고 그들에게 모욕을 주며, 고통을 가하여 죽게 만들고 실제로 직접 죽이기까지 하는" 동물, 동족 개체들을 잡아먹는 포식자라고 기술했기 때문이다. 1970년대의 좌파 청년들은 제2차세계대전과 인종 학살로 황폐화된 유럽에서 태어나 아시아, 아프리카, 라틴아메리카의 피비린내 나는 허다한 분쟁들을 목도하고 있었다. 그들은 프로이트의 인류학적 염세주의를 비난했다. 죽음충동이라고? 그들에게는 비합리적이고 '부르주아적인' 편견일 뿐이다. 왜냐하면 좌파는 인간이 원래 폭력적인 게 아니라 역사적으로 그렇게 되었다고 보기 때문이다. 인간이 폭력적으로 변한 이유는 일단 사유재산제를 수립하고 '무력으로' 그 제도를 보호했기 때문이다. 그다음으로 노예제, 상업적 교역, 국가가 일반화되었기 때문이고, 최종적으로는 자본과 임금노동제가 출현했기 때문이다. 라이히 추종자들은 마르크스주의 특유의 어법으로, 루소가 홉스에게 했던 말과 사실상 똑같은 말로 다음과 같이 프로이트를 비난했다.[8] 어째서 인간이 그 본질상 다른 인간에게 늑대가 된단 말인가? 아득한 그 옛날 즉 물, 사냥감, 물고기, 과일이 모든 이에게 풍족했던 시대에는 사람들 사이에 경쟁이 없었을 것이다. 풍요의 상황에 함께 놓인 그들은 되레 서로에게 호감을 느꼈을 것이고, 그렇기 때문에 다소 제약적이긴 하지만 동등하고 평화로운 사회적 관계들을 수립했을 것이다. 그러다 꼭 필요한 물자가 자연에서 얻는 양만으로는 모자라게 되면서부터, 즉 노동이 유일한 생존 수단이 되고 무력이 생산물을 지키는 유일한 수단이 되면서부터 인간들은 이기적인 욕망에 사로잡히고 소유와 공격에 집착하게 되었을 것이다.

이 휴머니스트 혁명가들 가운데 어떤 이들은 머나먼 과거의 인류를 그렇게 긍정적으로 바라보기 위해 피에르 클라스트르[9]

8. 홉스는 자연 상태의 인간들이 갈등과 투쟁을 일삼으며 '타인에 대해서 늑대나 다름없는' 존재가 된다고 보았던 반면, 루소는 자연 상태는 이상적인 낙원과도 같았지만 나중에 불평등이 발생했다고 보았다.
9. Pierre Clastres(1934~1977). 프랑스의 인류학자. 주로 남아메리카 원주민 사회를 연구했으며, 정치인류학의 고전으로 꼽히는 『국가에 대항하는 사회』를 썼다.

의 절대자유주의적인 민족학을 동원했다. 매일 두 시간씩 일하고 나머지 시간은 유유자적하게 보낸다는 파라과이의 과야키족―'잔인한 쥐'라는 뜻―원주민들에 대한 연구를 참조하여, 원시공동체에서는 우애 있고 유희적이며 조화로운 인간 본래의 성향이 잘 발달할 수 있다고 믿은 것이다.

프로이트는 희열을 낳는 죽음충동이 왜 그토록 저항에 부딪히는지 알고 있었다. 라이히의 반응에서 알 수 있듯이 일단 정신분석학계 안에서도 저항이 만만찮았다. 인간은 본래 사교적이며 단순한 쾌락을 좋아한다는 믿음은 그들에게 있어서 과거와 현재의 역사에 대한 부정이자 무엇보다 자신들이 지닌 욕망의 본성에 대한 부정이다. 프로이트는 『문명 속의 불만』에서 홉스에게 진 빚을 여러 차례 언급한다. 홉스는 『리바이어던』에 이렇게 쓰지 않았던가. "인간의 본성에는 불화의 세 가지 주된 원인이 있다. 첫째 원인은 경쟁심이다. 둘째는 자기 확신의 결여다. 셋째는 영광에 대한 욕구다. 인간들은 무언가를 얻기 위해서, 안전을 확보하기 위해서, 명성을 얻기 위해서 서로를 공격하게 마련이다." 프로이트는 영광에 대한 욕망이 인간 불행의 가장 주요한 원인이라고 보왔다. 이 욕망은 일종의 사회적 거절에 의해 생겨나는 것이기 때문에 '애정에 대한 요구'로 다시 명명된다.

허기, 갈증, 발정 따위의 욕구는 신체의 비명이다. 이러한 욕구가 너무 오랫동안 채워지지 않으면 신체는 불만에 사로잡히고 괴로워한다. 하지만 충족되면 바로 잠잠해진다. 단, 침묵이 좋은 징조는 아니다. 신체적 욕구들이 충족되면 다른 쪽의 욕구가 민감하게 발동하는데, 이것은 양식, 음료, 성관계 파트너가 결코 완전히 충족시켜줄 수 없는 바람이다. 바로 이것이 욕망이다. 욕망은 체내의 생물학적인biologique 결핍이 아니라 내면의 전기적인biographique 공허처럼 경험된다. 욕망은 온갖 물질적인 것들에 달려들지만 그중 어떤 것에서도 사실은 흥미를 느끼지 못한다. 단, 어떤 사물이 타자들의 욕망에 부합하는 상징적인 사회적 가치를 갖는다면 잠시나마 욕망을 충족시킬 수 있다.

프로이트는 원시사회를 관찰함으로써 근본적인 인류학적 특색을 발견했는데, 그 특색은 문명사회에서도 동일하게 찾아볼 수 있다. 생존 문제가 해결되고 권력 분배가 이루어지고 나면 개인들은 타자들의 시선 앞에 존재하고 싶어한다. 살육을 피하거나 지연시키기 위해 욕망들은 상호 인정이라는 코미디를 연기할 수밖에 없다. 그래서 자아들의 가치를 높이는 사물, 지위, 나아가 담론의 교환체계를 수립하고, 도리어 그 때문에 자기애적인 경쟁의식을 연장하거나 더욱 자극하고 만다. 선량한 미개인이든 퇴폐적인 문명인이든, 인간은 자기애에 있어서 타협을 모른다. 과야키족 사내들은 자기가 잡은 사냥감을 먹지 못하는 제약을 당하는 대신 마을의 '위대한 사냥꾼'이라는 명망을 얻는다. 왕족은 백성들의 인기를 누리는 대신 백성들에게 여러 직책, 작위, 명예를 하사하고 연회와 성대한 의식을 베푼다. 주인이 이따금 고마움을 표하고 섭섭잖게 보상을 해야만 노예는 자기 처지를 잘 감내하고 주인을 성심성의껏 모실 것이다.

그러나 프로이트는 자아가 끊임없이 내세우는 이 같은 인정 욕구가 성취될지라도 결코 사라지지는 않는다고 본다. 이때 경험하는 쾌락에는 항상 결핍의 쓴맛이 남아 있기 때문이다. 모든 인간은, 가장 운 나쁜 자에서부터 가장 팔자 좋은 자에 이르기까지, 결코 자신이 충분히 인정받는다고, 다시 말해 욕망된다고 느끼지 못한다. 인간은 태어나서 죽을 때까지 좌절과 회한 속에서 살아간다. 문화의 관례와 풍습이 인간의 정동을 짓누르는 한, 인간은 신경증적 규범에 자신을 끼워맞추고 자신에게 허용되는 보잘것없는 기쁨만을 누리면서, 남들이 누리는 기쁨은 훨씬 더 크고 좋을 것이라고 상상하고 부러워한다. 그러나 어느 날 사회적 위기를 계기로 금기들이 무너지면 인간은 오랫동안 억압해왔던 원초적인 공격성을 마구 풀어놓을 것이다. 손에 쥔 무기를 동족의 얼굴에 내던지면서 "실컷 재미 봤지? 이제 내 차례다! 하지만 일단 너희가 내게서 빼앗아간 불손한 행복의 대가부터 치러야 할 거다!"라고 외칠 것이다. 전쟁이나 혁명은 존재의 욕망을 남용한 가까운 이들과 셈을 치르는 절호의 기회다. 이로써 인간을 부추기는 쾌락과 죽음이 결합한 동력은 고귀한 공동의 대의로 포장된다. 신앙, 애국심, 인종, 인권이 모두 암살, 강간, 고문, 절도, 파괴의 희열을 드높이는 수단들이 되고 마는 것이다.

내 대학 시절에도 현대적인 정신분석 운동이 일어났다. 정치성 없는 '담합'이라는 기묘한 의식들로 빠지고 말았던 이 운동에서는 프로이트를 자크 라캉의 애매한 선구자로 취급했다. 나는 라캉을 다룬 르포를 다수 접했다. 점박이 무늬 셔츠 차림으로 시가를 치켜든 그의 모습은 살바도르 달리 비슷한 광대처럼 보였다. 실제로 그가 달리에게 영향을 받았다고 나는 알고 있다. 호기심이 동해서 『세미나』를 몇 권 구해다 읽었는데 무슨 말인지 거의 못 알아먹었다. 그러나 내 주위에만 해도, 수상쩍은 '오브제 프티 아'와 결코 그보다 심란함이 덜하지 않은 '수학소' '보로메오 매듭' 따위가 가장 중요한 개념들로 간주되는 이른바 새로운 무의식의 '에피스테메épistémè'를 이해한 척하는 인간이 여럿 있었다. 나는 라캉주의자들과 토론하면서 그들이 나를 잘 가르쳐주기를 바랐다. 그들은 대부분 정신과 의사 아니면 심리학자였으므로 나는 실무가이자 임상학자, 혹은 이론의 명쾌함을 중시하는 정신의 소유자 들을 상대한다고 생각했다. 그런데 그들이 라캉을 이해하는 수준이 나보다 딱히 나을 것이 없거니와, 오로지 업계 동료들에게 지적으로 으스대려는 목적에서 자기네 멘토들이 그러듯, 아니 그들 이상으로 난해한 전문용어를 남발한다는 것을 알았다. 레오파르디[10]는 "자기 지식의 한계를 감추는 가장 좋은 방법은 절대로 그 한계를 넘지 않는 것"

이라고 권고한다. 나는 라캉 박사 짝퉁을 만날 때마다 진료소, 병원, 보건소의 디아푸아뤼스[11]가 어떤 식으로 이 권고를 무시하는지 관찰하면서 황홀하기까지 했다.

1980년대를 거치는 동안, 좌파가 정권을 잡으면서 반체제 이데올로기들은 힘이 빠졌다. 권력기관들이 탈중앙화되었고, 수많은 서민적 표현 형식들이 '문화'라는 이름을 얻었으며, 쾌락주의는 공식적인 철학의 반열에 올랐다. 이 시기에 욕망하는 기계들은 디스코텍, 피트니스센터, 대규모 축제에서 맹렬하게 가동되었고, 의미와 가치에 대한 향수를 품은 생각하는 두뇌들은 해석학과 윤리학으로 기울었다. 리쾨르와 레비나스가 그 대표적인 인물들이다. 리쾨르의 저작은 읽어본 적이 없다. 레비나스의 책은 펴보긴 했지만 지체 없이 덮어버렸다. 내가 그들에 대해서 아는 바는 여기저기서 기회 닿는 대로 잡지에 실린 대담이나 기사를 통해 마주친 것뿐

---

10. Giacomo Leopardi(1798~1837). 이탈리아의 시인이자 언어학자로, 주로 염세적인 작품을 많이 남겼다.
11. 몰리에르의 『상상으로 앓는 환자』에 등장하는 현학적이고 괴팍한 의사.

이다. 나는 그들의 해석적 학문에서 고도화된 편협성을 감지했다. 그들은 철학, 신학, 문학, 정치학 텍스트를 독해하거나 다시 읽어냄으로써 세계와 존재의 궁극적인 의미를 가리고 있는 베일을 벗긴다지만, 결국은 자칭 드높은 영성, 즉 그리스도교적이고 유대교적인 자기 신앙의 정신을 수호했을 뿐이다.

도덕적 순수주의에 관해서는 둘 중 레비나스가 좀더 악의적이다. 『어려운 자유Difficile liberté』에서 그가 스피노자에게 가했던 두 번의 공격이 그 증거다. 1956년에 벤구리온[12]이 3세기 전 스피노자에게 내려졌던 파문을 거두어들이고 그를 '이스라엘의 세속 영웅'으로 삼고자 했을 때, 레비나스는 다음과 같은 말로 반발했다. "스피노자의 배신이라는 게 있다." 레비나스가 보기에 스피노자의 배신행위는 신적 초월성의 도그마를 파괴하려고 노력한 것도 아니고, 종교적 토대가 아닌 합리적 공리들로 윤리학을 정초하려 한 것도 아니며, 성

---

12. David Ben-Gurion(1886~1973). 이스라엘 초대 총리를 지낸 시오니즘 정치가.

경의 역사적 주해를 제안한 것도 아니다. 레비나스는 스피노자가 '유대교의 진리를 신약성경의 계시에 종속시켰고' 그로써 '유대인 인텔리겐치아가 와해'되도록 '해로운 한몫'을 담당한 점이 더 나쁘다고 본다. 따라서 토라^{Tôrāh13}에 대하여 진리성 모독의 죄를 범한 스피노자를 복권한다는 것은 생각할 수도 없다. 그러한 죄는 시효의 대상이 아니므로 스피노자는 불명예스러운 이단자라는 지위에 영원히 머물러야 한다는 것이다. 스피노자를 다시 한번 파문하려는 레비나스의 욕망은 그가 말했던 '다른 인간의 인간다움'의 무조건성에 대해서 참으로 많은 것을 이야기해준다. 타자를 자기 자신보다 먼저 돌봐야 한다는 그의 절대적인 권고에도 예외가 있음은 분명해 보인다.

하지만 레비나스가 '스피노자의 경우'에 한해서만 공격성을 드러내는 것도 아니다. 타자의 얼굴과 애무의 형이상학을

---

13. 구약성경은 율법서, 예언서, 성문서로 구분하는데, 토라는 이중 율법서를 가리키며 넓은 의미의 성경을 뜻하기도 한다. 토라는 모세 오경(『창세기』『출애굽기』『레위기』『민수기』『신명기』)으로 되어 있다.

접해본 독자라면 누구나 타자와의 평범한 관계, 직접적인 관계는 레비나스에게 알레르기 반응을 일으킨다고 생각할 것이다. 우리에게 중요하고 각별한 인간들은 그들의 얼굴에 그려지고 새겨지고 각인된 타자성이라는 구별된 표시에 힘입어 유일성을 드러낸다. 그들이 다른 누군가와 닮았어도 일단 그 사실을 인정하고 '좀 닮았네'라고 규정하면 그들의 개인적 정체성을 혼동할 일은 전혀 없다. 스완[14]은 처음에 오데트의 모습에서 보티첼리의 그림 속 여인을 어렴풋이 떠올리지만 지체 없이 그러한 레미니상스[15]를 상상력에서 몰아낸다. 엘비스 프레슬리의 팬들은 엘비스를 흉내내는 짝퉁들을 두고 빈정거린다. 엄마는 자기가 낳은 쌍둥이를 헷갈리지 않는다. 레비나스는 이처럼 사랑, 우정, 존경, 호기심을 바탕으로 예리해진 통찰력을 의심스럽게 본다. 그에게는 얼굴에 대한 해석학이 타자에 대한 열린 접근을 낳는 게 아니라 의

---

14. 마르셀 프루스트의 『잃어버린 시간을 찾아서』의 등장인물로, 세련된 취향의 신사이지만 화류계 출신의 오데트를 사랑하게 된다.
15. 무의식적인 영향으로 연상하게 되는 요소들 또는 그 영향 자체.

심스러운 밀착을 낳는다. 타인의 "코, 눈, 이마, 턱을 바라보고 묘사할 수 있다면 타인을 사물 대하듯" 보고 있다는 것이다. 바로 그렇기 때문에 "타인을 만나는 가장 좋은 방법은 그의 눈 색깔조차 알아차리지 않는 것"이다. 애무에 대한 분석도 마찬가지다. 레비나스를 읽다보면 애무의 '본질'은 무엇보다도 애무당하지 않는 것, 혹은 애무가 추구하는 것—타자 안의 건드릴 수 없는 것—을 더럽힐 수 있는 위험에 있는 것같다. 만남과 사랑의 현상학치고는 희한하지 않은가. 이웃이 '벌거벗음nudité'[16]을 통해 자신의 삶에 각별하다면, 누가 그 이웃의 얼굴을 볼 수 있겠는가? 마찬가지로 세상 어느 사내가 사랑하는 여인에게 접촉의 욕망 없이 애무를 베풀 수 있겠는가? 여기서 접촉은 신체에 관능적으로 닿는다는 의미와 마음을 움직인다는 의미 양쪽 모두에 해당한다. 서로의 얼굴

---

16. 레비나스가 '얼굴'이나 '여성의 신체'를 말할 때 사용하는 개념이다. 타자의 얼굴이 벌거벗었다는 것은 그 얼굴에 아무런 의미도 기호도 상징도 없음을 뜻하며, 이렇게 '벌거벗음'의 상태로 현현하는 타자의 얼굴을 우리가 마주해야 한다고, 즉 우리가 타자를 바라볼 때 시각적으로 인지하는 데서 그치지 않고 형상 너머의 영혼을 마주해야 한다고 레비나스는 말한다.

을 바라보고 서로를 만지는―뺨, 입술, 눈썹, 머리칼을 모두 포함해서―행위에 싫증난 연인들이란 도대체 뭔가? 우리가 매일같이 보는 어떤 사람들이 우리를 매혹하지도 않고, 격분하게 하지도 않으며, 관심을 끌지도 않고, 전혀 관능적인 느낌도 주지 않는다는 것은 그들이 우리 눈에 거의 띄지도 않는다는 뜻이다. 남녀노소를 막론하고 신체적 이목구비에서 읽을 수 있는 정신적 표현을 전혀 고려하지 않는다는 것은 그저 어떤 관계적 경험에나 해당한다. 타인에 대한 무관심이라는 진부한 경험 말이다. 그리고 우리 모두는 남녀노소를 막론하고 누군가가 눈, 코, 입 없는 매끈한 가면처럼 익명의 존재로 제시된다면 그 사람은 학대당할 수 있다는 것을, 자신의 참다운 얼굴을 드러냈을 때보다 훨씬 더 그리되기 쉽다는 것을 안다. 어쩌면 레비나스는 신체적으로 그 같은 폭력 충동을 느끼지 않았을지도 모른다. 하지만 그에게 그토록 대단한 도덕적 지적 권위를 안겨준 윤리학은 프로이트식으로 말하자면 폭력충동의 승화된 표현이었고, 그 점에서는 모든 형태의 이타주의 교의와 다르지 않다. 타자들은 나의 책임과 보호를 요청하는가? 물론 그럴 것이다. 하지만 그전에 먼저 타자들은 추상화라는 공동 묘혈에 처박혀 육체에서 분리되고 왜곡된 허깨비들로서 돌아와야 한다.

9

클레망 로세

"
'난잡한' 상태가
만물의 근본 상태다.
"

나의 오래전 기억까지 더듬어가면서 고등학교 친구들, 혹은 좌파나 극좌파에 몸담았던 대학 친구들과의 정치적 토론을 돌이켜보건대, 그들은 항상 끝에 가서는 나를 '허무주의자', 더 심하게는 '소시민적 허무주의자'로 취급했던 것 같다. 정치에 그렇게 열을 올리지는 않되 자기네들 말마따나 '세상을 변화시키려는' 욕망은 결코 덜하지 않은 사람들과 어쩌다 대화를 나누었을 때도 결과는 비슷했다. 나는 도대체 무슨 사상 범죄를 연달아 저지르고 있단 말인가?

　　청년기에는 나보다 나이가 좀 많은 형들, 기존 질서와 싸움 한판 벌일 태세의 혁명가들에게 호감을 느꼈다. 몇몇 형들은 자기들의 동지, 즉 바르셀로나의 어느 청년 데스페라도[1]가 프랑코 정권으로부터 사형선고를 받고 교수형을 당하자 행동에 뛰어들었다. 당시 정부는 국가보안수사 차원에서 아나키즘을 지지하는 청년들을 대대적으로 검거했고, 나 또한 보르도의 카스테자 가(街) 경찰서 지하 유치장에 48시간 동안 수감됐었다. 나중에 사법적으로 문제될 일을 당하지는 않았지만, 유치장 수감은 스스로 불온한 생각을 접고 좀더 영악해지기에 충분한 경험이었다. 그때부터 나의 아나키즘은 주로 문학에 국한되었고, 과격 행동의 영역은 내 방안으로 한정되었다. 아마도 그래서 '소시민적'이라는 수식어가 붙게 된 듯하다. 나는 과격한 파업과 노동자 자주관리[2]의 일반화를 부르짖는 열혈 투사들에게 프루동[3], 바쿠닌[4], 크로폿킨[5]의 사상

---

1. 무법자 혹은 죽음을 각오하고 싸우는 사람.
2. 기업이나 사업체의 경영권이 자본이나 국가에 있지 않고 노동자 집단에 귀속되는 것.
3. Pierre-Joseph Proudhon(1809~1865). 프랑스 사회주의자이자 아나키스트. 자본가의 사유재산을 부정하고 노동에 의한 재산만을 인정하며, 정의를 가치의 척도로 삼아야 한다고 주장했다.

들을 떠넘기고, 나 자신은 조르주 다리앵[6]과 외젠 쉬[7] 혹은 그 중 가장 재주 있다고 할 만한 펠릭스 페네옹[8]처럼 귀족적 개인주의를 과시하는 변칙적인 저작들만 탐독했다.

과격파에 동조했던 젊은 한철에도 테러리즘을 옹호한 역사가 없다. 테러리즘은 허무주의와 곧잘 동일시되곤 한다. 장파트리크 망셰트가 그 무렵 쓴 소설『나다*Nada*』의 어느 문

4. Mikhail Aleksandrovich Bakunin(1814~1876). 러시아 아나키스트. 국가 권력을 극단적으로 부정했으며 프루동의 영향을 받아 공산주의의 공동 소유 관념을 아나키즘과 결합했다.

5. Pyotr Alekseevich Kropotkin(1842~1921). 러시아 아나키스트이자 지리학자. 공산주의적 아나키즘을 지지했으며, 당시 아나키즘 내에서 유행했던 테러나 암살을 반대하고 부정한 침해 이외에는 평화적인 방식으로 대응할 것을 주장했다.

6. Georges Darien(1862~1921). 아나키즘적 성향을 보인 프랑스의 작가. 『아름다운 프랑스』등의 작품으로 프랑스 사회를 신랄하게 비판했다.

7. Eugène Sue(1804~1857). 프랑스의 소설가로, 사회주의의 영향을 받아 상류사회의 부패와 서민들의 생활을 생생하게 묘사했다. 대표작이자 프랑스 최초의 일간신문 연재소설인『파리의 비밀*Les mystères de Paris*』은『레미제라블』에 영향을 주었다.

8. Félix Fénéon(1861~1944). 프랑스 아나키스트이자 예술비평가. 조르주 쇠라와 폴 시냐크가 중심이 되어 인상주의 기법의 과학적 발전과 고전주의의 부활을 주장한 점묘주의 운동에 대해 '신인상주의'라는 이름을 붙이고 이를 지지했다.

장이 기억난다. 그 소설은 클로드 샤브롤 감독이 나중에 영화로 만들었다. 미국 대사를 납치한 죄로 프랑스 경찰에게 사방으로 쫓기는 과격 집단의 리더 부에나벤투라 디아스는 작전에 실패한데다 몇 시간째 피를 흘리며 아무 희망이 없는 상태에서 녹음기 마이크에 대고 이렇게 선언한다. "좌파의 테러리즘과 국가의 테러리즘이 맞물리면 바보들이나 걸려드는 덫이 된다." 이 경우에 '바보들'은 그 자신과 같은 반항아들이 되겠다. 나는 이 압축적인 문장이 민주주의를 요구하고 표현하는 데 있어서 어떤 방식을 선택할 것인가라는 문제를 완벽하게 보여준다고 느꼈다.

사실 옛날부터 내 문제점으로 지적받았고 지금도 비난받고 있는 정치적 '허무주의'는 훨씬 더 근본적인 허무주의의 한 단면에 불과하다. 철학자들이라면 '존재론적'이라고 말할 법한 이 허무주의는 내 나이 아홉 살 때 아버지가 돌아가신 이후로 줄곧 나와 함께했다. '허무주의'라는 말은 혼동을 불러올 수 있으니 '무우주론'이라는 용어를 쓰련다. 여기서 무우주론이란 세계를 학설적으로 부정한다기보다—물론 나야 그때그때 기회가 닿는 대로 헤라클레이토스, 루크레티우스, 몽테뉴, 니체의 신망에 흠뻑 취할 수 있다만—내가 현실을 세계의 형태로 표상하지 못한다는 의미를 담고 있다. 혹자는 정신병에 가까우리만치 극도로 심한 우울증을 진단할 때 하나의 단서가 되는 '현실감 상실'의 징후를 볼 수도 있겠다. 그런데 내 문제는 세계가 '현실감을 잃어버리는' 것이 아니라 현실이 '세계로 표상되지' 못하는 것이다. 내게는 현실이 끝내 현실로만 보인다. 어쩌면 나의 무우주론은 정신병 못지않게 걱정스러운 병일는지도 모른다. 하지만 나는 '비세계' 경험, 혹은 그 이전의 '탈세계' 경험이 꽤나 흔하다고 생각한다. 우리는 일상적인 지표, 가령 가까운 이의 존재나 어떤 장소가 갑자기 삶에서 사라져버리면 마치 그 현실의 한 요소가 지속가능한 상태, 거의 영원한 상태에 들어간 것처럼 상상하곤 한다. 이때 실존은 참으로 하찮게 보인다. 몽테뉴라면 실존은 그 모든 '허무'로 인해 참으로 하잘것없고 부조리하다 할 것이다.

육체도 그렇다. 인간은 한동안 건강한 신체를 한껏 누린다. 이때는 소우주 속의 모든 것이 정상적으로 기능하는 듯하다. 하지만 어느 순간 신체는 사고를 당하거나, 바이러스에 감염되거나, 고질병으로 쇠약해진다. 운신은 불가능하거나, 가능하다 해도 지독하게 어렵다. 외부와의 관계는 축소되고, 산다는 것이 대단히 힘든 일이 되어버린다. 자연도 마찬가지다. 사람들은 지구에 작용하는 여러 가지 힘이나 대기의 소용돌이를 신경쓰지 않고 자기네 도시나 마을에 살면서 직장 일, 가정생활, 친구 관계에 열중한다. 하지만 주택, 건물, 유적지는 지진, 태풍, 해일에 맥을 못 추고 순식간에 파괴될 수 있다. 화산이 분출해서 용암에 파묻힐 수도 있고, 수해에 침수될 수도 있는 것이다.

마지막으로, 사회 환경도 예외는 아니다. 1940년에 엘렌 베르[9]는 스물한 살이었다. 셰익스피어에 정통했으며, 영문학 교원자격시험을 준비하던 이 아가씨에게는 아무 걱정거리가 없었다. 행성의 운행, 계절의 순환, 학업 과정이 이루어지는 리듬은 더없이 순조롭고 안정적이기만 했다. 온 유럽에

---

9. Hélène Berr(1921~1945). 유대계 프랑스인으로 파리 소르본 대학에서 영문학을 공부했다. 1942년부터 1944년까지 나치 점령하의 파리를 기록한 일기가 사후 출간되면서 유명해졌다. 우리나라에도 『엘렌의 일기』라는 제목으로 소개되었다.

울려퍼진 전쟁의 굉음은 이 파리 출신 양갓집 아가씨의 방 안까지 넘어오지 않았다. 그녀가 음반으로 감상하거나 친구들과 즐겨 연주하던 바흐, 모차르트, 슈만의 음악에 먼 곳의 총성은 묻혀버렸다. 엘렌의 평온한 생활을 유일하게 어지럽히는 새로운 요소는 잘생긴 청년 장 모라비에츠키였다. 음악 애호가였던 장도 엘렌처럼 문학에 조예가 깊었다. 그후 나치들이 왔다. 독일의 점령이 처음에는 기쁨과 야간 통행을 금지하는 종소리처럼 다가왔다. 폭력은 합법화되었고, 밀고는 의무가 되었다. 부모, 친구, 지인은 사라졌고, 사랑은 추방당했다. 헬레네의 파리스처럼 엘렌이 사랑했던 파리는 연애의 배경, 고급문화의 무대, 고독하고 몽상적인 아가씨에게 어울리는 한갓진 장소에서, 이 년의 기간 동안 하루가 다르게 공포의 미로 탐험지로 둔갑해갔다. 그녀는 체념했기에 용기를 냈다. 『엘렌의 일기』가 그 증거다. 엘렌과 수용소 생활을 함께했던 여성들은 그녀의 '활력'과 '자연스러운 품위'에서 살아갈 힘을 얻었다고 증언한다. 엘렌은 1945년 베르겐벨젠 수용소에서 한 여자 교도관에게 구타당해 죽었다. 수용소에서의 해방을 불과 며칠 앞둔 때였다. 한때 웃음소리와 음악이 가득했던 그녀의 삶은 분노와 소음 속에서 끝을 맞았다.

친숙한 현실이 느닷없이 돌변할 때, 현실을 빚어내는 '양상', 이를테면 신의 섭리 같은 그 무엇이 깨져버렸을 때, 집단이 무너지고 구성원들은 제멋대로 놀며 타자들이 적의를 드러내고 살육에 취할 때, 우리는 흔히 '세상이 무너진 것 같다'는 표현을 쓴다. 그런데 정작 무너진 것은 세계도 아니요, 세계에 속한 그 무엇도 아니다. 무너진 것은 '우주적' 환상이다. 우리는 그 환상을 통해 사물의 본성을 생각해왔을 뿐이다. 이때 우리는 아무것도 없었던 것은 아니지만 '세계로서 생각할 수 있는 것은 아무것도 없었음'을 깨닫는다. 세계, 다시 말해 그리스인들은 '코스모스'라고 불렀고 로마인들은 '문두스mundus'라고 불렀던 것은 어떤 질서, 구조, 조화를 전제한다. 그로써 규칙성, 안정성, 불변성에 의해 모든 배치는 합목적성의 욕망에 부응하게 된다. 그런데 상실의 고통스러운 경험은 잔인한 진실을 드러낸다. 인간의 목숨이 우연과 죽음, 말하자면 '카오스'에 내맡겨진 여러 가지 것들 중 하나일 뿐이라는 진실 말이다. 베르길리우스[10]는 그리스와 로마에서 공통적인 이 개념이 다행스럽게도 완전히 종식되었음을 선언하기 위해 신화학적 견지에서 카오스를 '우주가 이루어지기 전에 요소들이 마구 뒤섞여 있던 상태'로 정의했다. 자식, 연인, 친구, 직장, 건강, 조국 등을 잃어버린 사람은 허깨비 같은 생각의 산물인 세계에서 갑자기 확 떨어져나온다. 자신이 세계 안에서 상식적이고 인간의 존엄에 걸맞은 삶을 영위한다고 생각했다가 느닷없이 시원의 혼돈에 떨어지는 격이다. 그 사람에게 애초부터 현실이 비세계였다면 또 모르지만 말이다. 상실로 인해 얼이 빠졌던 인간은 아찔한 영혼의 타락에 빠져든다. 그는 자기 안에서나 밖에서나 갈바를 잃고 물결 이는 대로 표류한다.

나는 허무주의자로서, 모든 것이 우연과 죽음에 불과하다는 데 대해 확신까지는 하지 않되 그럴 거라는 뚜렷한 느낌은 품고 있다. 확신과 뚜렷한 느낌은 다르다. 우리가 무언가를 확신하는 이유는, 그것이 뚜렷해서가 아니라 오히려 모

10. Publius Vergilius Maro(기원전 70~기원전 19). 로마 시인으로, 기원전 28년부터 11년간 집필한 로마 건국 서사시 『아이네이스』는 가장 위대한 라틴어 작품으로 일컬어진다.

호한 구석이 있기 때문이다. 확신하는 인간은 견고한 지식을 명쾌하고 확실하게 아는 데 만족하지 않고 지식에서 어떤 의미를 기대한다. 그리고 의미를 얻지 못하면 그 의미를 상상하고는 자기가 생각해낸 그것의 타당성을 '끈덕지게' 입증하려 든다. 온갖 종류의 '목적론자'들이 이런 식으로 역사, 자연, 우주에 의미를 부여했다. 그들은 자기의 기상천외한 생각에 과학적 정당성을 부여하기 위해 역사가, 생물학자, 천체물리학자 등에게서 이런저런 정보를 끌어온다. 나는 그만 식의 보증을 경계한다. 나는 나의 앎을 오로지 경험적인—상실의 경험을 통한—인식으로만 여기지 않는다. 나는 내 앎을 객관적인 인식으로도 규정한다. 파스칼의 말마따나 우주와 삼차원, 시간의 흐름, 수와 그 무한한 양을 '마음'으로 알게 되는 것처럼, 나는 언제나 동일하고도 틀림없는 이 '본능'으로 우연과 죽음이 만물의 하찮음의 '원리들'임을 명증하게 파악한다. 나의 사유만큼 이성적이지 않은 것, 혹은 합리주의적이지 않은 것도 없다. 내 자신이 '마음'으로 현실을 한때 나타났다가 조만간 사라질 사물과 존재의 무한하고 카오스적인 합슴으로 보는데, 굳이 사물과 존재의 추이가 어떤 필연이나 합목적성에 부합하지 않는다는 것을 '증명'할 필요가 있겠는가? 우연 말고는 아무 필연이 없고, 죽음 말고는 아무 목적도 없다. 어떤 철학자들은 이것이 나의 '테러리즘'이라고 볼 것이다. 나는 그저 '마음'을 들먹거리면서 근거 없는 부정을 세계 개념에 가하고 그후엔 더욱 고약하게도 입을 다물어버릴 뿐이다. 게다가 나는 세계를 부정한 주제에 다른 세계관 혹은 다른 세계에 대한 생각을 내놓지도 않는다.

세계를 부정하는 것은 그렇다 쳐도, 다른 대안도 생각하지 않는 것은 철학자들 입장에서 도저히 못 봐줄 짓거리다. 그들의 말마따나 부정에도 여러 가지가 있다. 가령 플라톤은 '감각적 세계'를 부정하되 '가지^{可知}적 세계'의 완전성을 주장함으로써 존재론적으로 올바른 허무주의의 모범을 보였다. 게다가 플라톤이 말하는 죽음은 신체에만 영향을 미치기 때문에 우연성도 면한다. 가지적 본성을 지닌 영혼은 생성의 부침에 시달리는 하찮은 물질 덩어리에서 벗어나 영원의 차분한 시간으로 돌아간다. 철학자들이 보기에 나의 과오는 '감각적 세계' 외의 다른 현실은 없다고, 내세 따위는 없다고 주장함으로써 결국 플라톤주의의 존재론적으로 올바르지 않은 버전을 옹호한 데 있다고 하겠다. 하지만 내게 그런 딱지가 붙어도 좋다. 나는 플라톤이 권고하는 대로 '감각적인 것', 젠체하는 다른 철학자들의 표현을 빌리자면 '소멸하게 마련인 좋은 것들'에 끌리는 성향을 외면하거나 옭아매지 않기 때문이다. 내 마음은 무미건조하지 않다. 존재론적 관점에서 볼 때 하찮은 것이라고 해서 내게 아무 가치도 없는 것은 아니다. 내가 보기에, 굳이 있어야 할 이유도 없고 반드시 소멸하게 마련인 존재와 사물에는 신경쓰지 말라는 철학처럼 잔인한 것은 없다. 오히려 나는 사람을 황폐하게 만드는 멜랑콜리를 대가로 치르는 한이 있더라도 그런 것들을 한껏 사랑하고 향유하라고 항상 호소해왔다.

이 같은 허무주의가 나를 어떤 정치적 시각으로 이끌 수 있겠는가? 우연과 죽음은 만물에, 그리고 물론 사회적 현실에도 혼돈을 심는다. 그러한 혼돈에 민감한 나는 올바른 질서가 뭐고 불의한 질서가 뭔지 모르겠다. 마르셀 콩슈[11]의 표

---

11. Marcel Conche(1922~). 프랑스의 철학자로 형이상학의 전문가이며, 프랑스에 『도덕경』을 번역, 소개했다.

현을 그대로 빌리자면, 인간은 특수하고 과도적인 무질서의 경우에만 자신의 이해관계와 그 이해관계를 옹호하기 위해 일어나는 과격한 정념에 휘둘려 찬성 혹은 반대 입장에서 들고일어난다. 사회 내에서 무슨 수를 써서라도 권력을 보전하려는 당은 현 체제의 정의를 옹호할 것이고, 어떻게 해서든 권력을 뒤엎으려는 당은 현 체제의 불의를 고발할 것이다. 이런 식으로 이데올로기들과 행동들은 격렬하게 대립하고, 그 대립이 무질서를 유지시킨다.

마키아벨리는 사람들이 "더 나은 인물을 찾고 싶어 주인을 갈아치우기 좋아하지만" 훌륭한 계산을 바탕으로 현재의 주인에게 맞서 무기를 들었던 적은 별로 없었다고 말한다. 그들은 지금의 주인을 쓰러뜨리고 새 주인을 권좌에 올리자마자 "한쪽 눈이나마 성한 말을 두 눈 다 못 쓰는 말과 바꾸었음을 깨닫고" 환멸을 느낀다. 역사가 딱히 반박해주지도 않는데 내가 어찌 이러한 지적을 시의적절한 중립성에 대한 권유로 읽지 않을 수 있겠는가. 『군주론』은 이러한 지적을 넘어 정의로운 질서에 대해 어떻게 생각해야 하는가를 전부 다 말해주는 것 같다. 어떤 정치 질서가 도덕적이라고 해서 그것이 어느 한 나라 국민에게 정의롭다고 할 수는 없다. 아무것도 지속적이지 않고, 우연이―마키아벨리는 '요행'이라고 불렀지만―사건의 추이를 지배하는 현실 속에서 군주가 권력을 지속적으로 수립할 때만 그렇게 될 수 있는 것이다. 이때부터 백성은 그 지속적인 권위 아래서 그럭저럭 살아가는 데 익숙해짐으로써 결국 좋든 싫든 제 이익을 챙기고 군주에게 고마워하거나 호감을 갖게 된다. 그럼에도 군주는 항상 백성의 두려움을 자극하고 그러한 감정을 유지시켜야 한다. 군주는 강제력, 관대함, 기만 따위의 다양한 전략들을 교묘하게 구사함으로써 시대의 주인이 되고, 인간들의 주인이 된다. 그로써 뭇사람은 군주가 행복한 세상을 만들어내기라도 한 것처럼 생각하게 될 것이다. 그의 지배는 이렇게 정의된다. 군주가 자신의 운에 힘입어 획득한 지배적 입장, 사자의 무력과 여우의 간계를 결합해 '장기적으로' 지켜나가고자 힘써야 할 지배적 입장, 백성들의 눈에 결코 끝나서는 안 되는 필연적 질서처럼 보여야 할 지배적 입장이라고.

국민과 군주가 하나라고 떠들어대는 현대 국가의 정부들도 마찬가지로 정의할 수 있다. 자유민주주의든 사회민주주의든 간에, 민주주의는 사법제도와 경제관리 방식, 관습과 가치관의 영속성을 통해 그 적법성에 대한 환상을 최대한 오래 끌 수 있는 정치 질서다. 그리고 민주주의는 이로써 자기 이외의 다른 정치체제는 전부 자연에 위배되는 것인 양, 민주주의의 존재를 문제삼는 일이 상식에 어긋나기라도 하는 양 몰아붙인다. 특히 민주주의 이론가들이 민주주의의 기구 속에 마치 신의 가호가 깃든 '진보'의 역동성이 들어 있는 양 주장한다면 민주주의를 문제삼기가 더욱더 어려울 것이다.

하지만 마키아벨리라면 군주정이든 공화정이든 오래 지속되는 정체政體가 곧 영원한 정체는 아니라고 일깨울 것이다. 이탈리아 르네상스의 인문주의자들은 고대 로마 문명을 이상화하는 데 열심이었고, 피렌체인은 그 문명의 해부도를 작성했다. 그가 보기에 로마의 위대함은 오랜 세월에 걸쳐 시들어가면서도 찬란함을 잃지 않은 것, 호전되는 기미를 적들에게 과시하며 퇴락을 만회할 줄 알았다는 데 있었다. 하지만 내전, 야만족을 국경 밖으로 몰아내는 토벌 작전, 하늘에서 뚝 떨어지거나 땅에서 불쑥 솟아나는 자연재해보다 더 무서운 것, 로마가 도저히 당해낼 수 없었던 그 무서운 병은 바로 종교와 문화의 변화였다. 그리스도교파가 서서히 비밀스럽게 침투하면서 펼치는 파괴 작업 앞에서 로마도 어쩔 수 없었다. 이리하여 에트루리아[12] 민족의 잔재 위에 건설되었던 고대의 대도시는 오늘날 별 부스러기와 한데 뒤엉켜 유적으로 남게 되었다. 따라서 마키아벨리의 정치적 무우주론은 다음과 같은 것이다. 역사는 끝없는 갈등, 다시 말해 세력, 당파, 파벌, 가문, 세습신분, 계급 들이 저마다 자기네 문명의 질서로 나머지 인간들을 제압하기 위해서 쉴새없이 벌이는 싸움이다. 국가적 양식이 어떻든 간에 사회조직은 결국 언젠가는 무너지게 마련이므로 하나의 지속적인 세계를 이룰 수 없다. 개인을 움직이게 하는 이러저러한 정념들이 내적으로 고르지 못해서도 그렇고, 경쟁관계에 있는 각 진영 내부의 의견 대립 때문에도 그렇고, 사회의 혼돈은 우주의 무질서와 완벽하게 합치된다. "정치에 관심을 두었던 저자들은 모두 다 동의할 터인데 (…) 국가를 세우려 하는 자

---

12. 로마제국 건설 이전의 고대국가로, 현재의 이탈리아 중부의 토스카나 지역에 해당한다.

는 누구나 (…) 인간은 폭력적이며, 기회가 닿는 대로 그 폭력을 드러낼 태세에 있다고 가정해야만 한다. 이 사악한 경향이 즉시 나타나지 않더라도 거기에는 우리가 모를 몇 가지 이유가 있을 것이요, 그저 드러날 기회를 잡지 못했거니 하고 생각해야 한다. 하지만 시간이 진실을 낳게 마련이라는 격언대로, 언젠가는 그 폭력이 지체 없이 백일하에 드러날 것이다." 마키아벨리를 다시 읽을 때면 내가 여전히 아나키스트라는 것을 깨닫는다. 좌파에 몸담은 동지들 혹은 적들은 잘 알겠지만, 아나키즘은 나에게 이데올로기적 선택이나 도달해야 할 이상이 아니라 그들이 반대하는 사회적 무질서 형태에 대한 대안적 유토피아다. 나는 무질서가 정치의 현실 그 자체라고 본다. 에페수스[13]의 현자라면 그러한 무질서가 사회, 국가, 제국의 어머니이자 여왕이라고 말할지도 모르겠다. 하여, 나는 무위를 열성적으로 신봉하게 되었다.

---

13. 소아시아의 서해안에 있었던 고대도시. '에페수스의 현자'는 만물의 변화와 생성에 주목했던 고대 철학자 헤라클레이토스를 가리킨다.

10

호세 오르테가 이 가세트

"
사랑은
두 고독을 맞바꾸려는 시도다.
"

몇 달째 혼자 지내다보니 감정적 빈곤이 얼굴에 그대로 드러난다. 하지만 오늘 기적이 일어났다. 길을 걷다 마주친 한 여자가 따뜻하게 미소를 지으며 뭔가 호소하는 듯한 눈빛으로 내 얼굴을 나긋이 바라보았다. 한순간이나마 내 존재를 실감하게 해주었던 그 요정 같은 여자를 언제, 어딜 가야 다시 만날 수 있을까? 그날이 올 때까지 나는 그녀를 생각한다. 한 무리 군중 속에서 나를 눈여겨보았던 그녀는 분명 범상치 않은 감수성의 소유자일 것이다. 더욱이 내 눈은 틀림없다. 우리의 눈빛이 마주친 순간은 잠깐이었지만 그 와중에도 나는 그녀에게서 섬세한 사람됨을 느낄 수 있는 그 무엇을 파악했다. 아무리 생각해도 그 미지의 여인은 나처럼 고독한 존재일 것만 같고, 그녀는 첫눈에 내가 자신의 소울메이트임을 알아보았을 것만 같다.

루크레티우스에 따르면 사랑은 이런 식으로 탄생한다. 상상력에 미혹되고 예민하게 자극받은 딱한 욕망은 자신의 대상이 이러저러한 면에서 완벽하다고 미화한다. 이 망상적인 과장과 포장을 훗날 스탕달은 '결정작용cristallisation'[1]이라고 부른다.

이러한 분석은 여러 면에서 불가피하다. 그렇지만 오르테가 이 가세트는 「스탕달이 생각한 사랑*L'amour chez Stendhal*」이라는 짧지만 밀도 높은 글을 통해서 반박을 시도했다. 핵심을 찌르는 데가 많아서 꽤나 흥미로운 글이다.

---

1. 프랑스 문인 스탕달은 『사랑에 대하여』(1822)에서, 암염굴에 던져놓은 나뭇가지에 어느새 소금 결정이 맺혀 아름답게 빛나듯 사소한 호감이나 찬탄이 쌓여 애정으로 굳어지고 상대를 극도로 미화하게 되는 현상을 일컬어 결정작용이라 칭했다.

스탕달의 주장은 이렇다. 남자가 여자를 사랑하려면 남자는 그 여자가 이러저러한 좋은 자질을 지녔다고 상상해야만 한다는 것이다. 오르테가의 지적에 따르면, 이 주장은 사랑이 어떤 형태의 탁월성에 결부되고픈 욕망임을 인정하는 것이다. 남자는 자기가 욕망하는 여자를 아름답다고 생각하겠지만, 어쩌면 자기 눈에 여자가 아름다워 보인다는 조건에서만 그녀를 욕망하게 되는지도 모른다. 나는 이러한 지적에 한술 보태 성욕만은 특정한 자질을 겨냥할 수도 있다고 말하고 싶다. 유곽을 찾는 이들이 특정 아가씨를 선호하고 독점하려 드는 것은 그들의 기벽 때문이라기보다 그녀들이 저마다 지닌 어떤 직업적인 '자질' 때문이다. 나는 남자가 오로지 연애 슬럼프를 겪고 있다는 이유만으로 어느 여자에게 홀딱 빠지게 되는 것은 아니라고 본다. 연애와 성생활이 더없이 원만한 잘나가는 사내도 어느 날 갑자기 '에나모라미엔토enamoramiento'에 돌입할 수 있다. 스페인어 에나모라미엔토는 '사랑에 빠짐' '사랑하게 됨' 정도의 의미에 해당하는데, 번역어로는 그 현상의 골치 아픔이라든가 급작스러운 발동의 느낌이 잘 전달되지 않는다.

에나모라미엔토는 정신의 돌발 사고다. 남성은 자기가 아는 여성들을 '대략' 친구, 급우, 동료 등으로 구분하고, 신체적 매력이나 사람됨에 대한 자신의 '관심' 정도에 따라 그녀들을 한 줄로 세울 수 있다. 하지만 언젠가는 그의 시선이 그러한 일상적 감각에서 벗어날 것이다. 갑자기 그가 세운 줄의 순서는 흐릿해지고 무너져버린다. 오르테가의 말마따나 그의 시선이 저절로 어느 한 여성에게 고정된다. 그는 "즉시 그녀를 자기 머릿속에서 쫓아내고 다른 데로 관심을 돌리기 위해 무던히 애써야 할 것"이다. 하지만 이미 병은 시작됐다. 그날 저녁, 이튿날, 그다음날이 되자 그녀에 대한 생각은 한층 더 부풀어오른다. 머지않아 단 하루도 그녀를 보지 않고는 살 수 없을 것 같다. 오붓한 자리—같이 술을 마신다든가, 식사를 한다든가, 산책을 한다든가—에서 상대를 좀더 알고 난 후에 어떻게 되든 간에, 그가 그녀에게 받은 첫인상은 결정적이다. 상대의 유일성은 첫눈에 감지하는 것이다. 그녀가 그의 시선을 사로잡고 자꾸만 신경을 쓰게 한다면, 그녀에겐 수많은 다른 여성들 속에서 튀어 보일 만한 특징이 있다는 뜻이다. 그는 그 특징에 황홀하게 취하지만, 그렇다고 해서 그가 그 특징을 지어내거나 꾸며낸 것은 아니다. 그러므로 언제나 전에 보지 못했던 형태의 여성성에 대한 놀라움으로 시작되는 에나모라미엔토는 신기루일지 모른다는 의심에서 벗어난다. 프랑수아 트뤼포의 영화 〈도둑맞은 키스〉에서 앙투안 두아넬(장피에르 레오)이 처음으로 파비엔 타바르 부인(델핀 세리그)을 만나고서 "보통 여자가 아니라 환영이야!"라고 외쳤던 것처럼, 비록 남자는 사랑하는 그녀에 대해 이야기하는 동안 혼란스러운 그 마음을 어쩔 수 없겠지만 말이다.

남성의 주의력이 어느 특정 여성에게 꽂히는 이유는 뭘까? 오르테가 이 가세트는 「우주적 현상인 표현에 대하여 *Sobre la expresión fenómeno cósmico*」라는 글에서 모든 자아는 살아 있는 전체로서, 신체적 정신적으로 일체된 하나의 단위로서, 요컨대 하나의 인격으로서 다른 자아들의 시선에 주어진다는 생각을 전개한다. 가령 신체 없는 영혼은 비현실이다. 그러한 영혼은 인격이 아니다. 영혼 없는 신체는 시체에 불과하다. 그 또한 인격이 아니다. 인격은 신체를 통해서 표현되는 정신적 내면이다. 이 내면은—우리가 자아, 영혼, 그 밖의 어떤 명칭을 써서 이를 가리키든 간에―결코 공간적^{spatial}이지 않다. "이때부터 인격은 자신을 드러내기 위해 물질에 올라타야 할 필요가 있다. 공간적인 모습으로 옮겨지고 번역되어야만 하는 것이다. 따라서 모든 표현 현상은 본질적인 은유를 함축한다. 몸짓은 (…) 자아의 팬터마임이다. 외적인 인간 존재는 내적인 인격을 연기하는 배우다." 그러므로 모든 다른 자아들은 육체적인 은유들이다. '모든 타자들^{los otros}'이 그렇지만 특히 '모든 여성적 타자들^{las otras}'은 더욱더 그렇다. 단, 이 사회적 희극 속에서 각자 맡은 역할을 연기하는 여배우들 가운데 극히 일부만이 다른 여배우들을 가릴 정도로 자신의 자아를 빼어나게 표현하고, 주위 남성들에게 에나모라미엔토를 불러일으킨다.

그러한 여성들 대부분은 웬만큼 미모가 뛰어나지만, 신체적 아름다움만으로는 감정의 선택을 결정짓기 충분치 않다. 육체적 매력이 마력을 발휘하진 못한다. 환희만으로도 안 된다. 유쾌하고 기세 좋은 여성, 사사건건 웃음을 터뜨리고 남들을 웃기고 싶어하는 여성은 전혀 사랑할 만하지 않다. "나는 환희와 아름다움이 공존할 수 없다고 주장하지는 않지만 환희는 아름다움의 가장 저속한 장식이라고 본다"고 보들레르는 지적했다. 여성의 아리따운 얼굴은 '관능과 슬픔' '신비와 후회' 그리고 몽상에 잠기게 하는 우수를 암시한다. 그 얼굴은 고독의 한 양식을, 즉 하나의 인격을 구현한다.

에나모라미엔토는 시선의 포착당함과 놀라움에서 시작되지만 그러한 놀라움을 느낀 사람의 통찰력도 전제한다. 여성적 타자는 육체적 은유로서 나타나지만 "육체는 해독하기 어려운 상형문자 같다"고 오르테가는 말한다. 여성적 타자를 해독하고 싶다고 해서 해석학자가 될 필요는 없다. 날카롭게 벼려진 호기심을 지녀야 한다. 사랑하는 이와의 만남이 섬세한 심미적 심리적 경험이 되는 경우도 드물게나마 존재하지만 많은 남성들은 여성들의 개성을 제대로 보지 못한다. 그들은 예쁜 여자들에게만 주목하고 그 여자들의 교태를, 밀란 쿤데라의 표현을 빌리자면 "교미의 약속"을 기대한다. 남자들의 세상에서 극소수가 "아무도 보지 못하게 눈꺼풀을 내리깔고 있는데, 사실 그들은 살짝 뜬 실눈에서 예리한 화살처럼 솟아나오는" 화가처럼 날카롭고 준비된 시선으로 여성을 알아보고 바라보는 기술을 보여준다. 이러한 안목을 지닌 자는 보물을 지닌 것이라고 오르테가는 강조한다. 그러한 시선은 흡사 수술용 현미경처럼 여성적 자아의 내면을 탐색하는 도구가 되기 때문이다. 여성의 표현에 대해서 잘 아는 남성은, 특히 실제로 '연애'를 하고 있다면, 여성적 타자의 겉모습에 속지 않는다. '바람둥이'들은 연애를 내숭 섞인 구애 행동으로 치부하지만 사실 연애의 양상은 유혹의 전략 혹은 섬세한 멋부리기 정도로 축소될 수 없다. 어떤 남성도 여성에게 연애를 강요하지 않는다. 남성은 여성을 초대하는 입장인 것이다. 여성이 초대를 받아들이면 이때부터 두 사람은 탱고나 왈츠를 출 때처럼 피차 스텝, 리듬, 안무를 따른다. 이 맞대면에서 남성은 춤을 리드하면서 파트너가 부담 없이 서서히 자기를 드러내도록 잘 이끌어야 한다. 능란하게 이끌리는 연애는 산파술과 같다. 이 산파술을 통해 여성은 마치 마법처럼 각종 사회적 표상들—젊다, 원숙하다, 기혼이다, 부자다, 가난하다 등—에서 벗어나 여성성 그 자체로서—헤겔이라면 여성 관념의 감각적 현현顯現이라는 표현을 쓸 것이다—나타난다. 따라서 스탕달이 '에나모라미엔토'의 현상학에 공헌한 바가 있다면, 그것은 결정작용 이론을 정당화한 것보다는 '스탕달 신드롬'이라고 하는 심리장애에 대한 기술을 유효하게 한 데 있다고 봐야 한다. 스탕달 신드롬은 예술작품을 보았을 때 순간적인 쾌감과 혼란을 동시에 느끼는 증상이다. 다소 예술적인 감성을 지닌 남자가 한 여자를 만난 순간 그녀의 인격이 흡사 거장의 회화나 조각처럼 낯선 경험, 혹은 환경 변화로의 초대로 다가온다면 어찌 그 감미로운 불안에 굴복하지 않을 수 있겠는가. 만약 그 남자가 진짜 예술가라면 그녀를 뮤즈 혹은 모델의 자격으로 자신의 작품 속에까지 불러들일 것이다. 그녀가 본래 거해야 할 곳으로 그녀를 돌려보냄으로써 시간의 한 형식을 만들려는 듯이 말이다. 오르테가는 말한다. 한 여자를 사랑한다는 것은 "그녀를 존재하게 하는 데 참여하는 것, 그녀가 부재할 수도 있는 세상의 가능성을 인정하지 않는 것"이라고.

스탕달주의자들은 샤를 스완의 실패한 사랑을 예로 들어 오르테가 이 가세트의 에나모라미엔토 이론을 반박한다. 스완의 사랑은 예술적 식견이 섬세하고 뛰어난 사내의 의식도 결정작용에 휘둘릴 수 있음을 보여주는 전형적인 사례다. 하지만 스완의 비극은 바로 그 두 영역—이성을 향한 사랑의 영역과 그림에 대한 사랑의 영역—이 뒤섞여버렸다는 데 있다. 스완의 상상력은 수많은 미술작품들로 포화되어 있었기에—스탕달도 이러한 경우였다—그러한 심미적 표상들을 통해서만 이성들을 바라보았고 그녀들이 걸작 속 여인들과 닮았을 때만 관심을 기울였다. 따라서 오데트는 실재하는 인격으로서 스완의 관심을 자극한 게 아니다. 스완이 그토록 천박한 여자에게 푹 빠졌던 이유는 심미적 레미니상스에 사로잡혀 있었기 때문이다. 플라톤식으로 말하자면 오데트의 얼굴은 그에게 어떤 원형—보티첼리의 '제포라'[2]라는 원형—의 살아 있는 그림자 혹은 감각적 이미지로서 나타났다. 스완이 조금 덜 심미적이면서 여성의 개성에 대해 뭘 좀 아는 인물이었다면 연애의 끝에서 이처럼 쓸쓸하게 선언할 일은 없었을 것이다. "내 마음에 들지도 않고 전혀 내 취향도 아닌 여자 때문에 인생의 여러 해를 망치고, 죽을 생각까지

---

2. 구약성경의 인물인 이드로의 딸 제포라는 모세의 아내가 된 여성이다. 『잃어버린 시간을 찾아서』에서 스완은 오데트의 모습이 보티첼리의 시스티나성당 벽화 〈모세의 생애〉에 그려진 제포라와 비슷한 데가 있다고 생각한 후로 오데트에게 사랑을 느끼게 된다.

하고, 나의 가장 위대한 사랑마저 바치다니!"

굳세고 냉소적인 정신의 소유자들, 그 밖의 자유사상가들은 이 마드리드 출신 철학자의 연애론을 비웃고 그 무성無性적인 성격을 비판할 것이다. "여성들, 여성들의 인격과 얼굴 얘기는 지루하게 늘어놓으면서 여성의 육체를 향한 성욕, 그녀들과 자는 데서 오는 쾌락은 쏙 빼놓다니…… 늙다리 대학교수의 말뿐인 에로티시즘이다!" 쇼펜하우어 지지자들은 그들 특유의 빈정거림을 쏟아놓을 것이다. "종족 번식에만 관심을 두는 여성적 유혹의 간계들을 모르는 건지, 아무 말 없이 넘어가려는 건지…… 순진해빠진 감상적 취향이다!" 무의식에 일가견 있는 박사님들은 다 안다는 듯이 반문할 것이다. "사랑에 빠진다? 타자를 흠집 내고픈 가학적 감정은 아닌가요?" 오르테가라면 이러한 빈정거림을 궐련 파이프 연기 너머에서 관대한 미소로 일축할 것이다. 허세를 부리지만 실상은 연애 감정을 두려워하는 보잘것없는 수컷들이 '여성적 표현을 잘 감지하는 남자들'에게 불편함을 느끼기 때문에 그런 반응을 보이는 것이라고. 왜냐하면 사랑은 지금도 여전히 사람과 사람 사이의 가장 불안한 관계이기 때문이다.

어떻게든 공존해보려는 두 고독의 행복한 만남에는 시간의 흐름과 함께 변해가는 느낌, 이별의 불안, 언젠가 찾아올 상실의 확실성이 지체 없이 끼어든다. 그러한 고통에 노출되느니 방탕한 생활을 일삼거나 결혼으로 뛰어드는 편이 훨씬 더 쉽고, 안심되고, 소시민적이다. 사랑이란 불편한 삶의 가장 세련된 형태다.

이 책은 프레데리크 시프테의 *Philosophie sentimentale*
(2010)을 우리말로 옮긴 것이다. '상티망탈^{sentimentale}'이라는 단
어 때문에 즉각적으로 '센티멘털리즘'을 떠올리는 독자들도 있
겠지만 사실 '상티망^{sentiment}'은 매우 다양한 의미로 사용된다.
가령 말브랑슈에게 이 단어는 사물이나 존재에 대한 막연한
느낌을 뜻했고, 18세기 영국 모럴리스트들에게는 '(자연스
러운) 공감이나 호감'과 비슷한 의미로 쓰였다. 일상생활에
서 "C'est mon sentiment"(이것은 내 감상이다)이라고 말할
때 이 단어는 '의견' 혹은 '견해'와 다를 바 없다. 이처럼 애당

초 다의적인 단어지만 감상, 기분, 의견 등, 그 무엇으로 해석하든 이것은 'sentir'(느끼다, 감상하다)라는 동사의 주체가 되는 개인의 것임에 틀림없다. 요컨대 저자는 어디까지나 'mon sentiment'(내 감상)이라고 못을 박아두고 시작하는 것이다. 그래야 남들이 뭐라고 하든 자기 생각을 자유롭게 풀어낼 수 있으니까.

이러한 까닭에, 철학의 개념들을 엄정하게 사용하게끔 훈련받은 이들에게는 이 책이 좀 당혹스러울 것이다. 게다가 저자는 애당초 독자를 설득하려 들지도 않는다. 그는 증거를 제시하지도 않고, 모순을 감추지도 않으며, 강력한 논증을 들고 나오지도 않는다. 하지만 바로 여기에 저자의 매력이 있다. 그저 자기 사유의 여정을 무심히 내보일 뿐인데 그게 왠지 도발적이고 마음을 끈다. 패션 잡지의 문체를 빌려서 표현하자면 '무심한 듯 시크'하다.

그렇다면 저자는 사견, 심하게 말하면 고급스러운 개똥철학을 늘어놓는 데서 그치는 걸까. 저자는 사견이라면서 글을 써내려가지만 그 속에서 의외로 탄탄한 기조를 발견할 수 있다. 가령 저자의 일관된 염세주의에서 우리는 일종의 통찰력마저 느낄 수 있다. 사람들 대부분이 세상을 '코스모스'로 인식하는 와중에 제 혼자 '카오스'라고 굳게 믿으며 살아갈 수 있는 사람은 흔치 않다. 이성적 동물의 숙명인지, 우리는 늘 세상을 어떤 얼개로 파악하려 한다. 어떤 문화, 관념, 체계에 힘입어 실생활에서 알아보게 되는 존재들의 배치agencement, 그것이 코스모스다. 그러다가 정신을 다 앗아갈 만큼 기막힌 현실과 부딪힐 때, 하늘도 무심하다는 소리가 절로 나올 때에야 카오스를 고통스럽게 절감한다. 그러나 언뜻 평온해 보이는 일상 속에서 '질서는 없다' '섭리는 없다' '세상은 혼란의 악다구니일 뿐이다'라고 믿으면서 아무렇지도 않게 삶을 영위할 수 있는 사람은 드물다. 저자는 이러한 염세주의를 자신의 생(부친의 죽음)과 연결짓는다. 이 또한 철학자의 생애에 대한 이해가 철학자의 관념에 대한 이해를 보완할 수 있다는 저자의 신념과 무관하지 않다. 이렇듯 저자는 사견을 늘어놓을지라도 그 사견에 관한 한 철두철미한 구석이 있다. 독자는 이따금 '그건 당신 생각이지' 싶다가도 이 타협 없는 염세주의를 어느새 인정하게 될 터이다.

이 책은 철학교양서도, 전적으로 학술적인 철학서도 아니다. 어디까지나 철학에서 영감을 얻은 문학적 에세이로 보아야 할 것이다. 에세이, 말 그대로 일단 펜을 들어 쓰기 시작하면 글은 저절로 풀려나오고, 간혹 곁길로 빠지더라도 그 과정조차 신나고 흥미진진한 한바탕 산책이다. 그렇기 때문에 개념의 정확성과 논증의 무오류를 논하고 싶은 사람들보다는 문학적 풍류를 아는 이, 궤변과 요설의 문학적 가치에 민감한 이에게 이 책을 권하고 싶다.

2014년 11월

이세진

옮긴이 **이세진**

서강대학교 철학과를 졸업하고 대학원에서 불문학 석사 학위를 받았다. 프랑스 랭스 대학에서 공부했고, 현재 전문 번역가로 활동하고 있다. 『살아 있는 정리』 『자살의 역사』 『설국열차』 『브뤼노 라투르의 과학인문학 편지』 『고대철학이란 무엇인가』 『꼬마 니콜라』(시리즈) 등을 우리말로 옮겼다.

우리는 매일 슬픔 한 조각을 삼킨다

1판 1쇄 2014년 11월 14일
1판 4쇄 2019년   5월 29일

지은이 프레데리크 시프테 | 옮긴이 이세진 | 펴낸이 염현숙
기획 박영신 | 책임편집 고선향 | 편집 장영선 | 모니터링 이희연
디자인 고은이 이주영 | 마케팅 정민호 이숙재 양서연 안남영
홍보 김희숙 김상만 이천희
제작 강신은 김동욱 임현식 | 제작처 한영문화사

펴낸곳 (주)문학동네
출판등록 1993년 10월 22일 제406-2003-000045호
주소 10881 경기도 파주시 회동길 210
전자우편 editor@munhak.com | 대표전화 031) 955-8888 | 팩스 031) 955-8855
문의전화 031) 955-3578(마케팅), 031) 955-2697(편집)
문학동네카페 http://cafe.naver.com/mhdn
북클럽문학동네 http://bookclubmunhak.com | 트위터 @munhakdongne

ISBN 978-89-546-2635-4 03100

www.munhak.com